作者简介

罗伯托·曼加贝拉·昂格尔（Roberto Mangabeira Unger，1947— ），当代著名法学家、社会学家、政治学家，哈佛大学法学院教授，批判法学运动（CLS）的领军人物。被誉为"永不疲倦的远见卓识者"（《纽约时报》）、"从第三世界走出的哲学天才，第一世界的福音传播者和预言家"[佩里·安德森（Perry Anderson）]、"批判法学运动中最有资格声称摧毁了现代法律思想核心观念的思想家"[威廉·埃瓦尔德（William Ewald）]。著有《批判法学运动》《现代社会中的法律》《法律分析应当为何？》《知识与政治》《觉醒的自我》《被实现的民主》《重新想象的自由贸易》等。

译者简介

周国兴，昆明理工大学法学院副教授，吉林大学法学博士。主要研究领域为西方法律思想史、法律哲学，著有《情景感与确定性：卢埃林的法哲学》，译有《论正义》。

法哲学名著译丛

批判法学运动
新时期的伟大使命

〔美〕罗伯托·曼加贝拉·昂格尔 著

周国兴 译

THE CRITICAL LEGAL STUDIES MOVEMENT
ANOTHER TIME, A GREATER TASK
Roberto Mangabeira Unger

商务印书馆
The Commercial Press

Roberto Mangabeira Unger
THE CRITICAL LEGAL STUDIES MOVEMENT
ANOTHER TIME, A GREATER TASK
Copyright © 2015 by Verso
根据维索出版社 2015 年版译出

《法哲学名著译丛》编委会

主　编　吴　彦

编委会成员（以姓氏笔画为序）

王　涛　　王凌皞　　冯　威　　孙海波　　朱　振
朱明哲　　汤沛丰　　杨天江　　宋旭光　　陈　辉
郑玉双　　周国兴　　姚　远　　徐震宇　　钱一栋
黄　涛　　黄钰洲　　鲁　楠　　董　政　　雷　磊

目　　录

上篇　新时期的伟大使命(2014)

一　批判法学运动的背景以及本书的缘起 ⋯⋯⋯⋯⋯⋯ 3
　§1　背景 ⋯⋯⋯⋯⋯⋯⋯⋯⋯⋯⋯⋯⋯⋯⋯⋯⋯⋯⋯ 3
　§2　批判法学运动及其延续 ⋯⋯⋯⋯⋯⋯⋯⋯⋯⋯⋯ 25
　§3　本书缘起及关切 ⋯⋯⋯⋯⋯⋯⋯⋯⋯⋯⋯⋯⋯⋯ 47
二　当代法律思想的使命 ⋯⋯⋯⋯⋯⋯⋯⋯⋯⋯⋯⋯⋯ 51
　§1　法律思想的两种使命 ⋯⋯⋯⋯⋯⋯⋯⋯⋯⋯⋯⋯ 51
　§2　法律思想的普遍历史 ⋯⋯⋯⋯⋯⋯⋯⋯⋯⋯⋯⋯ 58
　§3　当代法律的精神 ⋯⋯⋯⋯⋯⋯⋯⋯⋯⋯⋯⋯⋯⋯ 74
　§4　作为布道者与预言家的法学家 ⋯⋯⋯⋯⋯⋯⋯⋯ 80

下篇　批判法学运动(1986)

三　导言：法律思想和实践中的左翼运动传统 ⋯⋯⋯⋯ 87
四　法律思想批判 ⋯⋯⋯⋯⋯⋯⋯⋯⋯⋯⋯⋯⋯⋯⋯⋯ 92
　§1　对客观主义的批判 ⋯⋯⋯⋯⋯⋯⋯⋯⋯⋯⋯⋯⋯ 92
　§2　对形式主义的批判 ⋯⋯⋯⋯⋯⋯⋯⋯⋯⋯⋯⋯⋯ 96

§3 批判客观主义与批判形式主义的关联性:二者对
当代法律理论的意义 …………………………… 100
五 从批判到建构 ……………………………………………… 105
§1 批判形式主义的建设性成果:反叛正统的"异端"
学说 ……………………………………………………… 105
§2 批判客观主义的建设性成果:重新界定民主和市场
的制度形式 ……………………………………………… 114
§3 从一种社会理念到一种制度规划 …………………… 118
1. 政治革命与文化革命 …………………………… 118
2. 批判与再造民主 ………………………………… 121
3. 政府的组织 ……………………………………… 125
4. 经济的组织 ……………………………………… 127
5. 权利体制 ………………………………………… 131
6. 变革性理念与政治现实主义 …………………… 136
六 两种学说模式 ……………………………………………… 139
§1 从制度规划到学说范例:平等保护与打破现状
的权利 …………………………………………………… 139
1. 平等保护的运用 ………………………………… 140
2. 隐秘的平等保护理论 …………………………… 142
3. 美国的平等保护学说 …………………………… 147
4. 平等保护的反思与重构 ………………………… 150
5. 学说的权威及其现实主义 ……………………… 154
§2 从制度规划到学说范例:合同、市场与团结 ……… 156
1. 被瓦解的合同理论 ……………………………… 156

2. 原则及其对立原则：缔约自由与共同体 ……… 159
　　3. 原则及其对立原则：契约自由与公平 ……… 167
　　4. 对立视角的检验：典型困境的实例 ……… 177
　　5. 对立视角的一般化：义务的来源与权利的
　　　 本质 ……… 185
　　6. 对立视角的延伸及限制 ……… 187
　　7. 对立视角的证立 ……… 190
　　8. 两种模式的比较 ……… 193
七　底层观念与深远意义 ……… 197
　§1　跨越内部演进：社会理解与规范承诺 ……… 197
　§2　更深远的意义 ……… 205
　　1. 意识形态争论的话语 ……… 205
　　2. 政治哲学的方法 ……… 207
　　3. 现代主义经验中的自由与结构 ……… 212
　　4. 社会理论的议程 ……… 215
八　另一种政治 ……… 220
　§1　政治行动的环境 ……… 220
　§2　变革性政治的重构 ……… 225
结论：不一致性的启示 ……… 230
索引 ……… 232
译后记 ……… 252

上　篇
新时期的伟大使命(2014)

一　批判法学运动的背景以及
　　本书的缘起

§1　背　景

《批判法学运动》是一份法律思想观念运动的宣言。本书的这篇新版导言有两个目的。一是将本书及批判法学运动置于特定的语境当中,并根据该运动的后续发展重新考量;二是展望未来,思考法律思想的当代使命。

无论是有意为之还是事实如此,批判法学运动对美国法律观念史甚或世界法律观念史都意味着一次强势介入。此种强势介入的意义和重要性取决于它带来了什么。我认为,该运动以及本书都只是法律观念这一未竟事业发展过程中的一步。

本篇导言明确表达且暗含于全书的核心主张是,法律和法律思想激发民主社会自我建构的潜能在很大程度上还没有被开发。诸多限制限缩了我们有关法律是什么及其能够变成什么的视野,同时也削弱了我们利用这种潜能的能力。

无论应对晚近还是当下法律思想的使命,我们都面临着一种社会科学与人文学科在相当小的程度上才会遭遇的难题:法律的国家性特征。批判法学运动过去是美国社会的一段插曲。美国人应对其发起负主要责任。它面对的是美国的社会环境，它所接受的话语类型即便不是美国人所独有的，也是以美国人容易理解和感兴趣的方式表达出来的。

然而，无论是在过去还是当下的语境中，本书以及本篇导言所讨论的紧要问题并非美国所独有，它们已经出现在世界各地。欧洲及民法法系国家已经出现了与美国当初形成批判法学运动的类似环境，该运动的先锋和后继、敌手及其盟友在这些国家和地区同美国旗鼓相当，虽然通常被贴上不同的标签。不再忠实于法律思想的伟大使命是一种世界性的失败现象，带来了全球性的后果。

我从一开始就认为批判法学运动有助于推动法律思想在世界范围内的变革。也正是基于同样的精神，我才在此重新考量《批判法学运动》这本书处理的事件和观念。我的旨趣与其说是批判法学运动对美国法律思想的独特意义，毋宁说是其对世界法律思想的意义。

就让读者去纠正美国情境与美国语词的特殊性吧；就让读者去赋予这一争论最具包容性的影响范围吧！我在此只是努力阐明批判法学运动及其宣言，旨在强调其在当下和未来对法律思想的世界影响而非地方性的特殊意义，以飨读者！

批判法学运动决不意图形成一种永恒的法律书写类型，也决不意图在诸多法律理论流派中谋得一席之地。在特定环境下，它曾经是一种破坏性活动。我们现在来考察它产生的背景，其中一个考察视角是其与主流法律分析实践之间的关系，另一个考察视角是它与美国及世界所面临的政治情境之间的关联。请允许我分别将这两个视角称为内部背景和外部背景,内部背景是说它与法律、法律思想的关系,外部背景是说它涉及的社会条件。相应地,我们也能区分内部视角的方法论方面和实质内容方面,也就是说,区分思考法律的方法以及法律的内容。

批判法学运动发现,法律思想中居于支配地位的法律分析实践将法律描绘为一个贮存了非个体化的权利原则、回应公共利益之政策的仓库。它通过诉诸目的去解释每一个法律片段,并且以原则、政策等理念化语言来描述那些目的。一如某些理论家们自称的那样,我把这种理解法律的进路称为"理性化分析方法"。

根据这种方法,法律应尽可能从最好的视角来解释——也就是说,从几乎不受强大利益集团玷污的视角来解释,这些强大的利益集团有可能在政治竞争中,特别是通过立法,对法律的内容施加支配性的影响。在这种观点看来,凭借法律的最佳解释,无论是身处审判之内还是之外的专业法律解释者都可以改进法律。即便是在立法远远压过法学家[1](无论是否担任司法职务)造法的时代,

---

[1] 这里所说的法学家,是指那些颇为自负、颇具雄心抱负的法律人;他主张要发展一种或者能权威性地解释法律,或者能同时服务于理想和利益的方法;他诉诸公共理性的话语在其同仁、同胞面前为自己的动议辩护。他可能是一位法律学者、一位法官、一位现有法律的批评者,甚或是一位在罗马法传统意义上的"法学家"(jurisconsult)。他的活动包括在司法程序内外为私人客户、政府客户做代理。然而,这些活动却总是超出代理这一职能本身,卷入到法律的未来、社会的未来的斗争当中。卷入到关于法律的未来的斗争是法学家区别于其他法律职业人的主要特征。他可能也担任公共职务,比如说是一位法官。可是,是这一职位的视野而非这一职位本身使他既是一位法学家,也是一位官员。无论如何,法学家们关心每一个法律体系当中的法律。不管是基于对政治领袖负责,还是基于他们已经很好建立起来的自我标榜以及雄心抱负的现实,他们都会那样做。本篇导言中我将交互使用"法学家"和"法律人"这两个术语,尽管法学家只是法律人的一个子集。

他们也能成为在其努力之下"法律纯粹自我运行"的代言人。

主要法学流派的分歧在于,如何构造应当控制法律解释的非个人化原则和公共政策基础。对其中一个学派而言,这些原则和政策经由一种政治权利理论得以表达;另一个学派则以一种有效资源分配的规范性视角来表达它们;还有的学派支持一种适合于法律体系中的立法者、行政机构、"私权力主体"、法院等一切主体的方法论概念。

不管存在何种理论差异和分歧,有关法律的理性化分析——有目的的、一般化的、理念化的,共享着相同的关键假设:在很大程度上,让解释者能够弄清楚法律的含义并指导其实际工作的政策和原则,其引导性观念已经暗含在现行法律当中,有待法律分析者们去揭示。

为了确认原则和政策叙事的充分性,需要做出一个难以置信的断言。围绕法律内容的政治斗争,特别是为民主所组织化、正当化的政治斗争,如何产生诸多虽非体系化却至少也是成系列的碎片化规范性概念,既能关照到法律与社会实践的每一个领域,又能以宏观政策与中立原则的话语进行回溯性表达?那些以利益与愿景冲突之名为法律的内容进行政治斗争的人,可能会在不知不觉中充当了社会进化内在逻辑的仆人。如果他们真的那样做了,那么社会生活条件交由集体自决这一民主的伪装矫饰将会变得不可信。

由此,有必要宣称,法律的理想要素只是不完全地表达在既有法律当中;法官或并非法官的其他法学家,必须恰切地践履其经由个案促进法律理性化分析的责任,以完成这一理想要素。

然而,假设法律中已经包含的原则与政策叙事至多是未完成的、彼此矛盾的,其中的大部分都必须是创造而不是发现,这一假设很可能动摇制定法律和适用法律的相对区分。它将赋予解释者一种修改法律的权力,而这是主权者不可能接受的,更不用说民主制度下的人民及其代表了。因此,不可避免地需要假设原则与政策叙事在很大程度上却又不完全潜隐于既有法律当中。这一假设只是同公认的法律理解中非常有限的一部分相冲突;任何时候,理性化分析的践行者都只需要拒绝非常有限的一部分公认的法律理解;法律修改权力的行使还是温和的。可是,这一愉快的平衡却似乎什么也保证不了,尽管居于支配地位的法律分析的每一项假设都需要它。

无条件接受市场经济、民主政治以及市场与国家之外的公民社会组织化的基本制度安排,这使得让法律的内容与特征支持这些不切实际的期望并非完全不可能。那么,体现在现行法律的具体细节中的社会生活安排,就可以被视为法学家们的观念与论证中明确表达出来的某种更高层次的社会组织方案的基础。理性化分析方法的理论家和拥护者们将其视为反叛19世纪教义学的结果;与此相反,它其实只是其伪装后的延续而已。

理性化分析方法的第一项任务是重组20世纪中叶的实体法。调整政府公共行为及管理行为的一种新型公法开始被叠加于在很大程度上尚未改变的私法领域。发生于私法领域的此类变化很容易被表述为不断进化的结果。

其结果是,法律思想最重要的一个分析成果——发现市场经济观念中的法律不确定性——的全部意义被遮蔽了。从抽象市场观念到具体制度安排的每一次转译，显然都需要做出选择。实务法律工作者与法律思想家们的工作积淀已经证明了，仅从市场经济的抽象概念中进行推理来做出选择是不可能的；它们必然会牵涉到在互竞的愿景与利益之间进行抉择。

私法的相对稳定性削弱了这一发现的重大意义。与市场中的法律不确定性命题直接矛盾的是，它以一种稍有变化的方式延续了这样一种观念，即认为某些特定种类的私有财产与合同是市场经济自然的、必然的法律基础。同样的思考方式也适用于民主政治和公民社会：它们也被认为具有自然的、必然的制度形式。

批判法学运动所反叛的那种法律分析模式的历史学家和支持者们喜欢将其描述为对19世纪"教义形式主义"的革命性破坏。实际上，目的性的、政策导向的、基于原则的法律推理模式、理性化分析方法（我在本书后文称之为"理性化的法律分析"）是对其声称否定的分析论证实践的一种紧密延续。它只是放松、削弱（但并没有取代）"教义形式主义"的每一个关键假设和承诺，退回到了一种看似更加可辩护的基础上。

19世纪法律科学自定的中心任务是找到特定社会、政治、经济组织内嵌的法律内容是什么，尤其是发现"自由社会"的法律体制。保守主义法学家、同时期的必然论社会理论家，尤其是像马克思主义那样认为现行制度注定要被取代的社会理论家共享着这一观念。根据这种类型学观念，法律所表达的既有制度和意识形态秩序，是一个不可分割的体系，有其固有的法律实质；并不仅仅是诸种折中妥协、强制及意外事件的一个松散的偶然集合。它有其制度逻辑和思想意识逻辑。对法学家而言，私法尤其是合同法与财产法的基本范畴最为清楚地揭示了这一逻辑；支持这些私权利的能力或推翻这些私权利的权力成为评价公法的主要标准。

当法律科学甚至违背自己的初衷不得不承认市场中的法律不确定性时，它就破坏了自己的类型学方法。由于未能坚持此种不确定性观念带来的结论——研究组织生产和交换的替代方式，这一矛盾反而在实践中得以解决。相反，不确定性有助于促进法律学说发展各种互竞利益间的平衡。

目的性的、政策导向的、基于原则的法律论证模式的理论与实践兴起于20世纪下半叶，它避免明确接受任何类型学概念。其倡导者喜欢将早期的法律分析实践曲解为一种迷信，即试图利用一种准演绎推理方法从一个无缝的规则体系中推导出每一个法律问题的正确答案。

这一新进路的典型策略是，在不否认类型学观点的情况下远离其颇具雄心的诸多假设。理性化分析的实践让继续将法律视为一个体系成为可能。构成法律规则、标准、政策和原则体系基础的是社会自身的制度和思想意识体制，近似于（尽管有缺陷）一种可理解、可辩护的社会生活计划。该计划的延续以及指导性政策、原则、法律细节对之的表达，鼓舞着法学家们坚持努力去揭示，法律不仅仅是各种相互碰撞的利益和愿景之间的短暂冲突和协调。即便这一实践的结果不属于19世纪法律科学的类型学进路，它也与这一进路最为相似，只是看起来似乎更可信而已。

当我们考虑法律思想史上对这两个时期都具有决定意义的各种划分之间的关系时，理性化分析这一新实践与19世纪法律科学的亲缘关系就更加清晰。对19世纪法律科学而言，组织化的划分将有关利益分配的良法、硬法与政治化的坏法、软法区分开来。良法、硬法是非人格化的协调法,被认为体现在私权利体系尤其是合同与财产当中。鉴于其纯粹性,它将免于再分配的后果。公法的首要任务就是维护私权利体系的完整性与中立性在其中能得到最大可能支持的环境。

在美国宪法的习惯用语当中,这一划分被戏谑为"洛克纳主义"[1](Lochnerism):对诉诸宪法保障的一种自然的私法秩序的迷信,成为能动主义政府主动采取规制和再分配行动的障碍。然而,其核心观念在大量被公认为当代观念精粹的学说中残存了下来。在这些残余形式当中,与美国环境相一致的是政府行为学说,声称宪法原则只限定适用于政府做出的行为。由此,它明确界分了两种情形,一是被假设为前政治化的既有社会情境,二是已经被政治型构的社会情境。这一区分就是晚近较为进步的法律思想声称已经否决掉的公-私划分的实质。离开政治和政府权力,在某种程度上就不会存在任何社会情境。

到了20世纪下半叶,主导性的区分变成了下述两者之间的对比:法律是非人格性的权利原则、回应集体利益之政策的化身,还是相互冲突的利益、思想意识间的临时交易或休战线?从法律作为临时交易的视角来看,任何可理解、可辩护的社会生活计划,无论多么零碎,都不可能如期实现。法律是被调动起来确保影响立法的诸多利益和思想意识间无休无止的冲突和妥协的结果,这种

---

[1] "洛克纳主义"是司法能动主义的代名词,得名于1905年的"洛克纳诉纽约州案",在该案中,美国联邦最高法院推翻了纽约州关于面包店10小时工作制的法律,这被认为开启了美国司法领域的"洛克纳时代"。——译者

法律观念在立法政治学语境中被认为是一种广为接受的法律理解。可是，除非在特定甚或是极端的情况下，这种法律观念被拒绝作为法律专业解释的基础。无论是在法庭审判之内还是之外，事后对法律的理性阐述，都从以去利益化的政策与原则的语言来表达法律开始。

这一区分的关键元素，及其同法律作为中立的协调机制与作为政治化的再分配这一对立区分最密切相关的因素，是对历史上的一种理性观念的忠诚。这种理性形式在法学家们的指导运用下能够将法律呈现为一种有关集体生活的连贯一致的完美计划。由此，它也是另一种法律学说实践的系列再创造之一，在这一教义的理论家与实践者们看来，它与法律只是主权者的意志这种观点截然对立。在民主政治下，人民就是主权者。

认为根本不存在通过法律学说的累积性实践而"纯粹自我运行"的理性计划的观点被指斥为法律虚无主义。即便是传统的、保守的法律进路以利益群体多元化的词汇将法律表达为临时的竞争和妥协，其间既没有虚无的也没有激进的表述，它也会受到此种指斥。然而，此种妥协和竞争的结果不能被似是而非地描述为一种不断进化的理性计划，适合于法学家加以解释和完善。理性化分析的实践否认法律中存在难以抑制的冲突，这表明这种法律分析进路与其误解并声称取而代之的教义形式主义之间具有延续性。

这种新方法产生了困扰其前辈们的相同罪状。其中第一条罪状是神秘主义：在法律学说和社会实践的每一个领域都将法律表达为一种近似于一个规定性体系或一套体系的东西。其产生的一个实际后果就是彻底低估了法律质料中存在的多样性和矛盾性，同时也在各个法律领域边缘化了那些不同于主导性模式——例如,一体财产权及双边履行合同模式——的解决方案和制度安排。每一个被压制和低估的异常模式都有可能演化为组织整个领域的替代性方案。

其中的第二条罪状是法学家们攫取无节制的权力以至于损害了民主。他们伪称从看似毫无生气、偶然的法律问题当中识别出潜藏于其中的原则与政策的理性脚本,以此建立起其权力攫取的权威性。然而,他们根本不能理直气壮地主张在其中找到了现成的脚本。那么,通过意识形态和利益冲突产生的法律,事后在其专业解释者的手中是如何看起来好像是由一个单一心智或单一意志所构想出来的呢?如果这些利益和意识形态的明显差异相较于相互冲突的立场中的共同性——也就是一种足以产生指导法律解释的政策与原则,却又不被政治代表们承认的深厚共识——而言无关紧要,那么,我们又如何能够认真对待民主的主张呢?由此,原则与政策的隐秘脚本必定只能非常不完全地潜隐于法律当中,潜隐的程度恰好可以令法学家们免受"似乎完全由他们编造"的质疑。他们可能通过恰如其分地履职以呈现法律的最佳面孔来完成缺失的部分,法律的最佳面孔与其说是忠实于一心谋私利的阶级或派系利益,不如说是回应公共善或非人格化的权利。

其中的第三条罪状最为紧要,前述两个问题主要都是由其引起的。它是理性化分析方法就像早期的法律分析实践施下魔咒那样,对通过法律实现社会变迁最有希望的机制施下的紧箍咒:这一最有希望的机制就是重塑我们的制度实践与重新解释我们的利益及理想之间的辩证法。这一辩证法的加速恰好与实际的虚无主义相反,它正是我们有望掌握社会的既定结构而非让社会主宰我们的主要工具。

早期和晚近的教义主义都用同样的赌注犯下了这一罪状。他们的潜台词是:法学家是布道者,不是预言家。让我们充分利用我们已经拥有的,让我们凭借自己的智慧,想象既有的法律要比实际上的法律更纯粹,来实现这一点吧!让我们来减少既有规则与原则中假公济私及未决冲突的份额,在我们的监督下,更好地增购有关法律内容的公共理性吧!

批判法学运动于20世纪70年代兴起时,美国法律思想中占据超群地位的正是这一具有多重罪状且不恰切地声称已经与早期教义形式主义决裂了的法律进路。理性化分析方法或者说理性化的法律分析,已经开始在世界范围内擢升为曾经被贬斥为教义形式主义学说的必不可少的高级继任者,擢升为20世纪散播开来的法律怀疑主义极端版本责无旁贷的替代者。这一方法的两大重镇——美国和德国——成为其输出和推广到世界其他地方的主要基地。与美国及许多西欧国家相比,早期的教义学方法在其他国家保留的影响力要更大。因此,理性化分析方法在这些国家通常被认为是一种解放,是从一种继承下来的、长期固化的法律学说实践中解放出来。

然而,理性化分析方法的拥趸们所提供的是一种虚假的自由。这种法律分析实践的罪状,尤其是对法律中的制度性想象的反对,已经正在其北大西洋的主场上造成损害。在那些即使最基本的民主进步与社会包容性增长都需要制度革新的国家,它们也被证明是灾难性的。与其是凭借在过去两个世纪里诸如资本主义观念、社会主义观念这类不被信任的意识形态抽象无法指导这些社会前进的脚步,它们毋宁是凭借通过法律细节表达小规模的具体制度变化,逐步努力寻求大规模的制度更替和选择。这些社会拒绝遵守教条主义的制度蓝图,选择可以通过经验修正、可能限定行动路线的制度安排。相应地,这些社会也拒绝将法官作为法律分析的主要对象,拒绝将"法官应当如何裁决案件"这一问题当作法学中起决定作用的问题。

为了达致这些目标,有必要为法律思想探寻另一种未来。作为未来的浪潮,批判法学从世界法律文化的中心,向已经提出来的并将继续被提议的法学计划发起了进攻。

只有当我们跳出法律思想本身,看到产生于其中的政治现实和世界智识环境,也就是看到它产生的外部环境,批判法学运动与当下法学发展趋势的关系才变得清晰。如果说批判法学运动的直接目的是以自身的最佳形式在最佳时刻为法律思想的未来提供一种替代性方案,那么,其潜在目标则是以同样的最佳形式在最佳时刻使法律思想更加有助于界分社会的另一种未来。

历史经验对社会中既有的制度安排和假设提出了无穷无尽的威胁,同时也威胁着嵌入这些制度安排和假设中的诸种利益。减少特定利益和成见之间失调的各种调和措施通常最能够应对上述这些破坏。我们可以将这种失调最小化称之为"阻力最小之路"。变革性的实践和思想的目标都是创造一个阻力最小之路的替代方案。在这种替代方案看来,重新解释诸种利益甚至是诸种身份都成为可能。

自从20世纪中叶的社会民主主义解决方案以来，北美和西欧再也没有出现过重大的制度和意识形态革新。这一方案一开始是在20世纪两次世界大战期间被设计出来的，并且在第二次世界大战后获得了其规范形式。根据这种方案，试图从根本上重塑生产与权力组织——也就是市场和国家——的努力都被放弃了。

国家强化了其规制的权力、通过补偿性的税收转移支付再分配的权力和应对经济逆周期的权力，从而有助于确保私人企业的盈利能力，同时保护无产阶级免受极端经济不安全的侵袭。然而，围绕社会的组织产生的积极争论的范围却萎缩了。在批判法学运动最活跃的年代里，从那时盛行至今的政治-经济争辩的局限性就已经很明显了。这一争辩试图回答的核心问题是，美国式的经济灵活性与欧洲式的社会保护如何能够得以最佳调和。晚近那些温和的、局部性的制度革新就服务于这一目标，比如，欧洲社会民主中的"弹性安全"制度改革，就削弱了对解雇的防御，同时增强了投资和收益的便捷性。

批判法学运动发现理性化分析方法——也就是以政策与原则的语汇对法律进行目的解释——掌控着法律分析实践。这种方法的斗士们力图将法律理解和解释为社会生活权威计划的一种近似值——或者至少是诸如此类的一系列针对不同社会实践领域的社会计划的近似值。他们接受既定的制度和意识形态方案为这一改良解释实践的模板。正是这种解释实践给表达为法律规则与法律学说之解决方案相互冲突这一现实，投射了崇高理想的光环。

如果你越过北美和西欧，去关注世界躁动不安的其他地方，你会发现并没有比这套制度和观念更具吸引力的替代性选择。20

世纪大多数的左翼与右翼观念冒险在世界各地都被抛弃了,取而代之的只是比例不一的新自由主义正统、国家资本主义、通过税收和转移支付实现的补偿性再分配(社会民主主义的残余形式)组成的杂糅体而已。

因此,一种别无选择的专制几乎统治了所有地方。其统治在于,维持一种非常有限的制度选择范围,以维护社会不同部分的秩序:也就是维护公司、工人、政府以及生产与交换组织之间的关系,民主政治的制度安排,国家与市场之外的公民社会,家庭和儿童等。这些领域中的每一个,似乎充其量只有几种可行的组织形式。剩下的诸如此类的革新通常相当于试图按变化不一的比例将这些熟悉的制度变体结合在一起。

批判法学运动最大的优势就是创造了一种智识空间,法律与法律思想在其中能被充分用来抵抗这种别无选择的专制。它对于此种抵抗虽有限却非常重要的贡献在于,从既有法律中存在的诸种矛盾和变动发展出有关诸多替代选择的观念;其最大的不足在于,还没有更加充分地拥抱和执行这项任务。

从以下两个考量因素来看,这项任务的重要意义会变得更加明晰。首先要考量的因素是,无论是20世纪中叶社会民主解决方案,还是后续为了减轻其制度历史上既有的僵化性以及内外之别而探索形成的"第三条道路""北欧模式",都不可能解决甚或是理解、应对当代社会的基本问题。这些基本问题包括,随着规模生产的衰退,国民经济中出现了先进生产形式与落后生产形式之间的等级分化;去中心化的合同关系网络伪装下的劳动关系重组及其导致的普遍缺乏经济保障的风险;未能使金融服务于实体经济,反而让其服务于金融自身,从而导致了周期性危机;在国家提供普遍最低服务和只有国家能够开发的昂贵的复杂服务之间,还有宽广的中间地带,需要公民社会与国家联合起来,试验性、竞争性地提供公共服务;活力不足的既有民主国家继续依赖危机作为变革的必要条件——这些国家民众参与政治生活的水平低,他们倾向于保持僵局而非解决僵局,他们不能鼓励,尤其是不能在特定地区和部门鼓励,创造国家未来的相反模式。所有这些问题都需要对市场经济、民主政治及独立公民社会安排的制度革新方面做出丰富的回应,然而社会民主方案和眼下流行的政治经济学说在这些方面却乏善可陈。

其次,说明这项任务重要性的第二个考量因素是其概念与方法论上的难题。要描述这一难题就要转向批判法学运动兴起于其中的另一个更宽广的背景,也就是思考社会和历史的思想情境。纵观整个社会和历史研究领域,主流取向都放弃了欧洲古典社会理论的结构野心,也就是努力将当前的社会生活组织纳入到未来向当时先进社会开放的更广阔的体制范围之内。这些取向并没有使结构视野摆脱早期限制其范围的必然论假设的桎梏,从而从根本上改变它,与此相反,它们彻底放弃了结构视野。它们或直接或间接地在社会生活的规范化或自然化方面形成了共谋。

在社会生活的每一个主要领域,对社会现实的洞察与社会可能性的想象之间的脱节呈现出不同的形式。在硬社会科学尤其是在经济学领域,这种脱节表现为将当前的制度安排当作是在功能主义竞争中被挑选出来的最佳优胜者。这种观点很可能演化为所谓的趋同论(convergence thesis),趋同论认为当代社会正通过法律细节向同一套最优制度和实践汇聚趋同。在政治哲学与法律理论等规范性学科领域，这种脱节表现为，使用哲学上的抽象来证明通过补偿性的税收转移支付、非人格化的政策和原则中的法律理念化来溯及既往地减少不平等所具有的正当性。在人文学科领域，这种脱节的典型表达形式是，自由探索各种各样的个体经验和意识，这些个体经验和意识在文学与艺术现代主义的发展史中得以预示，并且完全脱离于社会结构的任何变革性努力。

无论批判法学运动取得了何种成就，它都提供了一个与这些看似相互敌对实则彼此类似的理论取向相对抗的智识实践范例。与这些取向进行本不应该或本不必要的过多周旋，是导致其遭遇诸多失败的根源。

迄今为止，法律和法律思想的历史一直呈现出一种典型的节奏——三个时期的周期性交替。在每一个时期，法律思想都尽最大的雄心抱负，努力去承担不同的使命。这一节奏很容易被误解为是法律和社会历史具有的一个不可阻挡的永恒特征。实际上，我们有望逃脱这一节奏，并且因逃脱它而增进我们最基本的物质利益和道德利益。

这一周期性过程中的第一个时期是重建时期，此刻制度性的与意识形态的解决方案被重新想象和重新塑造。各种激进的改革改变了此前型塑着社会中日常实践和话语表达活动的制度安排和意识形态假设框架。这些改革措施的做法之一主要是重新定义获取经济资本、政治权力、文化权威等资源的机会，凭借这些资源，现行的社会力量创造立足当下的未来。这些改革典型地是在战争与毁灭中进行的,危机是变革的赋能者。

美国的这些重建时期就是共和国的建立时期、内战和重建时期、新政时期。北大西洋国家历史上重建的最后一个大事件是20世纪中叶的社会民主改造,罗斯福新政是其美国形式。

法律思想分担了重建任务。激进的改革必须以法律的形式表达,因为只有通过法律,社会的制度安排才能建立;只有通过法律,它们才能根据赋予其意义的理想和利益得以表达。法学家们通常是统治精英的独特组成部分,同样也分担着修正所继承之制度安排的任务。虽然他们很少充当预言家,但是他们超出了其习惯上的布道者角色的限制。

第二个时期是规范化时期。激发重建的危机已经过去。重新制定的新制度方案必须转化为明确的制度安排以及不同社会生活领域中明确的规定性概念。法律学说根据这些概念描绘了这些制度安排。无论是19世纪的类型学方法,还是20世纪以非人格性的原则和政策语汇表达出来的理性化分析实践,都参与了此种规范化工作。

规范化方案通常被描述为一个体系,该体系理应不可分割,其所有的组成部分生死与共。一套有关规范概念或变革之实践律令与法则的综合逻辑被引用来解释这一方案的统一性。可是,实际上诸如此类的制度化方案或意识形态方案没有形成体系。它们只是一些东拼西凑的构造物。一旦在人们理解其利益与身份的方式中被认为是理所当然的,这些方案就会变得抗拒改变。可是,我们也没有资格将此种抗拒当作其体系完整性的标志。它们是可以分割开的,当它们发生变革时,也是零碎地发生;如果此种零敲碎打的变革坚持沿着一个特定的方向发展，那么其结果也可能变得激进。

规范化方案在法律思想中的典型形式是，将该新方案转化为一套全面的法律规则、原则和概念，这套法律规则、原则和概念贯穿于整个法律领域和社会实践的规定性解释，具有一套独特的法律分析和论证方法。规范化的制度和意识形态方案被建构成为一种名不副实的特别体系，表达了制度安排与人们有权在不同社会生活领域对彼此有所期许这一规范信念之间的联合。

在规范化时期，法学家们更有可能远离当权者。他们努力代表和执行制度权威，他们作为这套制度的指定监护人或自封监护人，防止那些处在政治权力位置上的人任意妄为。正是在规范化时期，法律教义学达到其鼎盛时期：早前的重建时期，法律教义学已经接近鼎盛，足以保持其合法性且能产生指导作用，但是又还没有达到以基本原理斗争的烈火烧掉教义主义者伪装的程度。

在20世纪后期的美国，规范化阶段从二战结束的余波一直延续到20世纪70年代。法律思想中的共识开始被打破。这个国家开始发现自己越来越无法在新政后期的制度安排下解决问题，由为它放弃了制度性试验，将关注点狭隘地集中于大众消费与经济安全上。西欧国家的法律与政治领域也发生了类似的变化。社会民主的规范化以及在私法基本保持不变的背景下发展一套新的公法，也是同一种努力。

然后就到了这一周期性交替的第三个时期——黑暗时期。现在，制度和意识形态方案已经成为过去。随着社会民主与新政被

20世纪晚期的新自由主义思潮打败，它也被打败了。尤其是，它变得不那么相关了，它不再直面时代的各种真实问题。

黑暗时期的法律文化呈现出非常典型的三个特点。第一个特点是，更倾向于拒斥有关法律内容和法律分析方法的主流共识。迷失方向的经历导致更愿意另寻他路，即便只是重新踏上过去已经被拒绝的老路。然而，由于缺乏可能激发另一次重建的政治事件，阻碍了更重大的革新挑战。其结果很可能是导致信念的消退，而不是一种新信念的发展。

黑暗时期的第二个特点是，法律人意识中充斥着对主流法律分析实践的一种工具主义的、策略性的、玩世不恭的态度。这些实践的假设变得越来越难以置信：例如，理性化分析方法的特有假设，也就是有关原则与政策的叙事——无论是借权利理论之名、市场经济的规定性概念之名，还是借法律秩序中每一项制度角色独特的使命和方法之名来阐述——在很大程度上已经潜藏于现行法律之中。

然而，玩世不恭、足智多谋的法律人却依然固守他们已经不再相信其前提的实践：就像本书结尾处指出的那样，他们变成了布道者，窘迫尴尬地站在冰冷的祭坛前。他之所以固守这一实践，既是出于自利的考虑想要为自己找到一个位置，也是出于无私的考虑想要扭转乾坤。他谋求的是能在共同政治基础上赋予其职业和学科权威的位置；他希望创造的影响是，能够利用他已经完全不相信其前提的实践去推进那些他还致力于实现的目标。他真正的动机、目标和方法都隐藏在银幕后方：通常遮蔽了他自己，也遮蔽了其他人。他一方面工具主义地利用这种话语，同时又颇为反讽地想要远离它,由于看不清楚这一点,他很容易就变成自己这种反讽态度的受害者。通过这种姿态,他自己拒绝了从旧信念的幻灭向新信念的过渡中可能的获益。他自己被禁锢在了半信半疑当中。

黑暗时期法律文化的第三个特点是给予理论的重视。不同法学流派彼此匹敌,试图以既超越于特定法律却又声称不完美地体现于该法律之中的观念为当下的教义学实践建立语汇基础。由此,就理性化分析方法而言,当前美国的每一个主要的法律思想流派都提出了一种独特的观点,去解释指导着法律分析并内在于既定法律的原则和政策,应如何、在哪里建立其基础。

在黑暗时期,理论开始占据逐渐消失的制度和意识形态方案的部分空间。由于制度和意识形态方案失去其权威性与明晰性,理论试图站在其位置上,增补这一消退的方案从未能够提供的指导。可是,这类理论承诺没有很好地取代重建时期基础时刻的变革性力量,也够不上玩世不恭的、工具主义态度的强劲对手。

在北大西洋社会,法律文化中的黑暗时期大概从20世纪七八十年代一直延续至今。它的崛起恰逢历史上社会民主主义遭受重创、元气大伤;与此同时,在这些国家,当社会民主主义持续走向衰落之时,正义理论的传播为补偿性再分配提供了一种哲学上的辩护。

批判法学运动在美国兴起的年代恰好是规范化开始让位于黑暗的时刻。批判法学运动及其欧洲同仁既是这一转型进程的回应,也是这一进程的加速器。批判法学运动抓住机会打破了本就已经岌岌可危的共识。虽然没有明确主张,但它含蓄地继续为法律分析倡导一个不同的未来,而不仅仅只是延续现存的那种带有反讽意味和战术限制的实践。其失败之处在于,未能全心全意地执行这个智识计划,他们中的许多人无意识地接受了其所反叛的各种信念和方法。

最完善的批判法学运动的直接目标与终极目标都不同于权利理论、法与经济、法律过程学派等美国主流的法学流派。批判法学运动研究者们的直接目标是,将理性化分析方法及其政策、原则术语,锚定在它们能够弥补正在消退的社会民主主义方案造成的侵蚀与模糊性这一观念基础之上。为此目标,他们认可法律职业——尤其是审判——运作于其中的环境的决定性意义。最完善的批判法学运动想要重新调整法律分析实践的方向,想要将公民而非法官或其职业同仁,当作法律思想最为重要的对话者。

他们的潜在目标是,维持和改进继承下来的制度和意识形态方案,该方案同样迅速失去了其清晰性和权威性。最完善的批判法学运动从下至上、自里及外地看到了运用法律分析发展出一种替代方案之方法的机会,也就是说,识别、深化和拓展各种制度改变,这些制度改变已经呈现或预示在法律和学说当中,却被当前流行的法律实践和主流的法律理论低估或模糊了。许多自认为属于批判法学运动参与者的人,完全没有理解或接受这种浅层目标与深层目标之间的结合,这正好有助于解释批判法学运动在多大程度上功亏一篑。

重建时期、规范化时期以及黑暗时期的这一景象,表明了法律思想处理的问题与理解历史中的结构性断裂之间的内在关联。只有审视制度和意识形态框架(也就是社会生活的形式语境)是如何被塑造和重塑的,才能解释这三个时期。这曾经是而且依然是社会理论的核心论题。社会理论的未来必定由其对这一问题的回答来塑造。同样,如果存在服务于激进改革的、强劲有力的纲领性论证实践,其主题必定是阐发此种结构性的替代选择。因而,法律思想的问题及其前景与纲领性论证、社会理论的问题和前景密切相连,这一事实的重大意义从来没有得到充分承认。

当我们认识到上述这种不可避免的缠绕关系时,我们也就会看到法学中几乎完全没有被注意到的一个议题所具有的重大意义。我们不应该只是想要在重现重建、规范化以及黑暗时期的过程中占据一个命定的位置。与我们一样发现我们处于黑暗时代的人,不需要等待下一个战争和毁灭的时代来临才去体验下一个重建的机会,尤其是如果我们的美好生活部分恰好处于两个时期之间,就更不当如此。

然后,我们可能会发现,不必等待我们死后才会发生之事的个人旨趣与我们在创造制度和实践方面的集体旨趣相一致,包括对话实践与研究方法在内的制度和实践也不再需要以危机作为其变革的必备条件。关键在于,与其只是活在历史赋予我们的这一时期,毋宁在实践中与智识上都掌握这一结构,从而摆脱这一单调的重复。然而,除非我们既改变其特性又改变其内容,否则我们就无法掌握这一结构,也就是说,在没有危机作为变革条件的情况下,它在多大程度上能够推动自身的重塑。

此外,我们的上述旨趣也在另一个事实中得到了强化。具有显著意义的变革都是结构性的变革,也就是社会中的制度安排和意识形态假设的转型,尽管是渐进而零散的。我们以最具影响力的改革家们和最深刻的社会理论家们一直思考的方式继续思考，承认结构性变迁的首要地位。然而，与过去的许多理论家和思想家们主张用一种体系取代另一种体系不同，我们能够而且也应当不再接受一幅教条主义的结构化蓝图。例如，19世纪自由主义者们所辩护的有关权利和规则的诸种体系、取代资本主义的国家社会主义或工人自治等这样或那样的方案等蓝图。在这种情形下，我们必须确定一个方向，并且选定开始向着那个方向前进的诸多步骤。

我们如何才能既不陷入结构教条主义泥潭同时又培育出结构化的野心呢？部分答案在于，阐发在很大程度上具有可修正属性、允许我们在试验中探寻前进之路的诸多制度和实践。重新型塑市场经济、民主政治和独立公民社会的重大意义是巨大而切实的。由于法律和法律思想处理具体结构，它们提供了寻找执行这一任务必需工具的首选场所。

本书的首要关切是社会生活领域中制度和意识形态在特性与内容方面的变化，这种关切通常是潜隐的，有时也是明确表达出来的。然而，批判法学运动的共同关切中很少有它的位置。

§2 批判法学运动及其延续

20世纪70年代中期，批判法学运动兴起于美国，作为一种组织化的力量只延续到20世纪80年代晚期。作为一场运动，其生命只延续了短短十来年。与有关这一运动的普遍误解相反，其发起者们决非意图成为一个持续发展的思想流派或写作类型。他们只是想要介入一种特定的环境,也就是我刚在前面所描述的那些内外环境。

美国法律思想那时正接近我前面称之为规范化时期的尾声。新政对法律的改革已经完成,对继承下来的私法体系几乎没有造成什么麻烦。那些引领当时法律思想普遍共识的人们相信,法律现实主义与法律怀疑主义中的有益因素——也就是对其想象的早期法律思想形式的演绎主义和概念主义的怀疑——已经被吸纳。一切明智的法学家都可能在下述两方之间采取中间立场:按照早前的划分方式,一方认为理应将法律解释中的自由裁量空间降到最低,另一方将法律解释视为以其他手段进行的政治。唯一悬而未决的重大问题是,在什么基础上去描述和阐发这一方法论上的、政治上的中间路线。

组织了这场运动的那些人共同的直接目标是在他们理解这一共识的脆弱性时攻击它。他们之间的分歧在于,反对以政策与原则语汇表达理性化分析的程度,以及反对理性化分析实践所服务的政治经济方案的程度。他们在应当取代这一共识的方法论上的或政治上的积极替代选择方面的分歧更大。他们运用了煽动者与颠覆者们的惯用伎俩,佯称这一运动既然已经存在,最好的做法就是让它变成现实。

在追求将他们联合起来的直接目标的过程中,他们取得的成功超出了他们的想象。美国法律思想中的主流共识不仅仅被颠覆了,从此以后它就再也没有在法学学术领域里重建起来。学术法律思想是当下美国唯一没有受到方法论上的正统支配的主要社会科学。没有人会预料到这一点,在美国与在大多数国家一样,法学

一 批判法学运动的背景以及本书的缘起

都是最靠近权力的学科。各大法学院继续在培育统治精英方面扮演着举足轻重的角色。难怪批判法学运动在那些主流法学院的出现通常会引发激烈的抵制,还常常伴有大学系统诅咒反叛者们的各种形式的嘲讽和边缘化。

然而,如果我们以信息的新颖性而非以信使的数量和名望来衡量是否成功,那么还没有任何其他国家的法律思想在设想替代选择方面达成类似的成就,即便是短暂的成就。各国法律思想中都存在左翼和批判思潮。许多国家还通过会议和报章杂志建立组织、传播观念。某些国家学术领域中自称为批判法学运动拥趸的人数和持久性都远超美国。可是,在绝大多数情况下,他们都被视为(他们也自视为)国民生活的边缘,通过法律或多或少地表达左翼的传统关切。相较于美国左翼而言,他们更专注于新马克思主义理论、捍卫工人阶级的利益。然而,相较于美国批判法学运动而言,在法律思想本应对左翼的最大贡献(也即制度想象)方面,他们明显更加欠缺。

当批判法学运动以其最具原创性的声音发言时,它还被每个国家当作异端学说。只有当它的这种原创性因我接下来要检审的事实而逐渐消逝时,它似乎才开始变得不那么刺眼,而只是显得多余。

* * *

尽管批判法学运动成功地开辟了想象抵抗理性化分析方法以及既有的制度和意识形态方案之进路的空间,但它也遭遇了两方面的失败。其中一个源于其与更宽广的政治社会的关系,另一个来源于其内部的踌躇不定。

一旦批判法学本身开始不再仅仅表现为个体的、孤立的思想家集体,开始去揭示这门最接近权力的学科内的麻烦与分裂,它就招致了美国报纸的严厉审查,也吸引了一些人的善意关注,这些人也正在寻求有关法律与社会的替代性进路。这一关注的后果之一是,激发了像哈佛大学这样的美国权威大学去遏制这种在他们看来与其说危险不如说令人尴尬的取向。另一个后果是,吸引了大批美国进步主义者加入到批判法学研究及其诸种会议和倡议当中,而这些进步主义者要么与法律没有重要关联,要么无意重新思考自身话语与策略的诸种假设。于是,批判法学运动中很快就充斥着各种流行的进步主义政治代表,尤其是群体身份认同政治的代言人和少数族群的实际代表。在 20 世纪的最后十年间,这就是美国进步主义政治的基调。

那么,批判法学站在何种立场上呢?在被来自于当时传统的美国进步主义的关注压倒之前,这场思想运动曾经有三条主线。

第一个思潮是法律不确定性的极端化,可称之为"批判法学的不确定性进路(或解构进路)"。其前身包括法律理论中的反形式主义、解构主义文学,以及看待共享意识形式之历史的结构主义进路。它认为过去或当前的学说都是对社会特定愿景的表达,同时强调原则论证的矛盾特性,容易受到学说操纵。其典型命题就是极端的法律不确定性。[1]

---

[1] 例如,参见邓肯·肯尼迪(Duncan Kennedy):"私法审判中的形式与实质"(Form and Substance in Private Law Adjudication),载《哈佛法律评论》(*Harvard Law Review*)1976 年第 89 卷,第 1686 页。

鉴于任何法律条文都需要被解释以及现有公认的解释程序、实体原则和政策等因素,很容易利用解释程序和实质论证去形成解释者想要的结果。例如,在合同法领域,强调缔约自由(freedom to contract)与契约自由(freedom of contract)价值的政策和原则论证与强调信赖、经济胁迫或诚信的政策和原则论证进行权衡。在公司法领域,规定承担经营自主责任的规则和原则与商事判断规则进行权衡。在一个又一个的法律部门当中,情况都是这样。这种相互对立的陈词滥调在法律话语中普遍存在,从这一点出发,极端不确定性的拥趸们似乎错误地推导出了如下结论:每一个经巧妙论证的解释都与其他解释一样好。

一个理论上的限制条件掩盖了极端不确定性命题。如果仅从争议的表面来看,法律可能是不确定的。可是,有资格的解释者们都共享同一套看待社会和法律的思维方式,在这个意义上,法律就变成是确定的了。这种思维模式之所以一直都很强劲,是因为它在很大程度上是含糊不清的。这种隐蔽的意识形式使不确定变成了确定。很显然,由于没有任何有关此种思维方式是如何形成和如何重塑的观点伴随着这一理论限制条件一同出现,它并没有产生任何实际后果。在实践中至关重要的是极端不确定性主张。

可是,极端不确定性主张也被误导了:它的意思并不是它表面上看起来的那样,它也未能推进它本来打算促进的目标。没有人会真正质疑通过共同分享的生活形式能够确定意义,(批判法学的)目标是批判能够确定和传递意义的制度和意识形态假设。然而,表达极端不确定性命题的观念和语词对于武装这一运动没有任何助力。

极端不确定性的教导诱导其拥趸们进入到一个毫无救助和希望的智识沙漠与政治沙漠,又将其遗弃在那里。这显然是一种离谱的理论氛围,当时的自由主义者们试图通过诉诸司法上的政治(judicial politics)来回避政治上的政治(political politics)。它以一种满怀希望的观念诱导、削弱那些无法抵抗它的人们,而倘若不是躲藏在解构主义学说青睐的诸种声名卓著的抽象虚饰之下,这些人绝不可能胆敢享用这种观念。在政治中,谁输谁赢无关紧要;一旦胜者制定了法律,只要败方的朋友们足够幸运地获得了一个司法职位,或至少一个教授席位,那么他们就会赋予法律其他的意义。这就赋予了其公然宣称的对手(也就是擅长理性化分析方法的行家们)无可比拟的优势,使得他们能够扮演某种中间路线的睿智的捍卫者,该中间路线的一头是被错误地归咎于其19世纪先驱的机械概念主义,另一头是其支持者似乎赞同的"一切可能意味着一切"的疯狂命题。

批判法学的第二个取向结合了功能主义方法和激进的法律研究目标,可称之为"新马克思主义进路"。其出发点是如下命题,即认为法律和法律思想反映、确认和重塑各种分化和层级,这些分化和层级内在于诸如"资本主义"这类普遍的、不可分割的社会组织类型或阶段。由于资本主义是社会发展的一个阶段,因此资本主义也就有不同的阶段。每一个阶段都对应着一种独特的法律及法律思想形式——这种观念一旦去除与各种革新目标的关联,就会吸引许多保守派的法学家。其灵感主要来源于欧洲古典社会理论,尤其是来源于卡尔·马克思和(在稍小的程度上)马克斯·韦

一 批判法学运动的背景以及本书的缘起

伯的社会理论,以及受他们观念影响的各种历史方法。[1]

这一取向的缺陷也就是影响它的理论传统造成的那些缺陷。从最严格的形式来看,该理论传统相信一个不可分割的社会经济体系的观念,该体系具有固定的法律要求和法律表达。历史研究和政治经验已经对这种极端的必然论提出了不满,那些承认这些不满之人的智识策略是,放松必然论的各种假设,强调文化与政治的相对自主性。

然而,这种对必然论假设的松动并没有形成一种替代性的解释视角;它只不过是一种对旧有必然论的稀释,从而为历史的偶然性创造更多空间。在这一从必然到偶然的连续统一体中,并没有什么东西有助于产生对结构的替代性理解。并没有阐明法律体系中各种主导的解决方案和非主流的解决方案的具体机制,也没有开拓后者可能最终变成前者的方式。因此,也无法支撑批判法学运动从解释、批判走向提出规范建议(也就是,从是到应当,从实际到相邻可能[2]),而如果无法提出规范建议,法律思想就无法再成

---

[1] 例如,参见莫顿·霍维茨(Morton Horwitz):《美国法的变迁:1780—1860》(*The Transformation of American Law, 1780—1860*)(Cambridge, MA: Harvard University Press, 1977)。关于新马克思主义功能主义的保守运用,参见罗伯特·C. 克拉克(Robert C. Clark):"资本主义的四个阶段"(The Four Stages of Capitalism),载《哈佛法律评论》1981年第94卷,第561页。

[2] 相邻可能(adjacent possible),最初由科学家斯图尔特·考夫曼提出,指前生命化学研究中生命原汤(primordial soup)内分子间可能的化学反应。史蒂文·约翰逊在《伟大创意的诞生》一书中将相邻可能概括为一种核心的创新模式,意指"世界随时可能发生各种变化,但只有某些特定变化可以真正发生",用以界定事物变化与创新的有限性和可能性;创新的有限性在于无法摆脱现有元素而实现革命性跨越;创新的可能性在于每一次新的探索都会扩大相邻可能的边界,每一次创新的出现都创造了新的相邻可能,形成一套永不停歇的连锁反应。参见史蒂文·约翰逊:《伟大创意的诞生:创新自然史》,盛杨燕译,浙江人民出版社2014年版。——译者

为实践学科(它过去一直是),就会失去其变革潜能。

批判法学还有第三个主张,这一主张因其最新颖而最不引人注意,可事实证明它才是最持久的。它的核心观念是法律思想能够成为一种对制度想象的实践,可以称之为"制度主义进路"。现在,批判法学已经很久都不再是法律理论争议中一种有组织的集体干扰,许多曾经与解构主义和新马克思主义有紧密关联的人开始本着制度主义取向的精神写作。他们这样做的时候并没有放弃他们早前的忠诚,当然也没有澄清其新实践的预设前提。

制度主义进路法律思想的相对优势在于,有能力将既有法律中的小规模变化、通行学说中的非主流或从属性解决方案,用作想象、发展社会替代性解决方案的工具。如此一来,制度主义进路从公认的理想、利益以及有待实现的人类机会愿景中找到了自己的方向。它的质料就是现有法律和法律思想的各种变体和矛盾,这些变体和矛盾过去被理性化分析方法及其先驱们的体系化、理念化幻象所限制或遮蔽了。它的直接目标是在法律与政治中扩大我们从现在所处的位置上能够实现的可能性的半影范围。其最紧迫的问题是,既缺乏一种准备好的行动模式,也缺乏其开展工作的制度环境。

美国法律现实主义不需要,至少它认为自己不需要一套制度规划;它在罗斯福新政中已经有一套这种制度规划了。批判法学运动出现于从规范化时期向黑暗时期过渡的时期,而非重建时期,它并没有此类代理人来代替自己的愿景。

由此,制度主义方向上的任何进展都必须满足三个门槛条件,每个条件都以自己的方式提出要求。第一个条件是打破理性化分

一 批判法学运动的背景以及本书的缘起

析及其19世纪先驱施加在法律之上的理念化魔咒。这个魔咒并没有被法律是一种体系的命题所取代,这一体系甚或也不配有光环,它只是表达了一种社会经济组织的必然内容,就像极端版本的新马克思主义命题所认为的资本主义那样。这个魔咒也没有被将法律视为一套修辞工具的观点所承继,正如极端不确定性命题所教导的那样,这种观点认为只有无意识地参与到悄然控制着他们的那种意识当中才能防止法律被其专业的解释者们随意操控。

相反,每一个法律部门当中,主流方案和非主流方案显然都以独特的方式共存,理念化魔咒必须让位于对这一点的承认。这种共存的模式与其说是一个制度体制或意识形态体制的产物,毋宁说就是其内容或构成结构。一个制度或意识形态体制,决不像一直对社会观念史有着强劲影响的唯物论者或文化决定论者主张的那样,是由各种不可避免的限制所形塑的一套不可分割的体系。它是体现在法律当中的一系列主导的、例外的甚或相互抗衡的制度安排和假设。只有在满足如下两个条件的情况下,我们才能称之为一个体系:一是其统一性就在于一系列矛盾和对立;二是其脆弱的稳定性,或者说潜在的不稳定性,取决于对现实与理想间冲突的局部控制和临时干预。

第一个条件的一个必然推论是发展出一套替代性的学说及其用法。在任何特定时空下,法律都具有一个由主流与非主流方案相互角力所塑造的形态。非主流方案很可能就是新的主流方案的开端。有关法律形态的争议,与有关其重塑方向的争辩不可分离;二者的影响并行不悖。

由于法律表达就是利益表达,或明或暗地关涉到变革方向的选择；也由于除了在刚才限定的意义上以外，法律并不是一套体系——就更不用说是一套值得或支持的理念化体系了，学说也是不稳定、有争议的。学说的不稳定性和可争议性令其对制度的想象重构这一工作更有利而非更不利。因此，我们必须拒绝在下述两种处理学说的方式间进行选择：要么像过去那样接受理念化和体系化进路的庇护，要么将其搁置一边。仅仅赋予过去公认的学说实践以新的用法是不够的，任务是要基于新的假设和方法重新创造学说。我在本书中详细阐明了这项任务的执行，并且在《法律分析应当为何？》(*What Should Legal Analysis Become?*)[1]一书中进一步阐发了其理论和实践。

如果不改变我们有关学说向谁发言、是为了什么（下述第二个条件）的观念，我们就无法实现这一目标。同样，除非我们将有关制度结构的理解、替代性制度选择的想象都内置于法律思想工作当中（下述第三个条件），否则我们也不能达成这一目的。

第二个条件是要抵制法律专业人士想要扩大其影响法律进化之权力的这种自利的思维方式。法官，以及对实际的、预想的法官耳语的法学家，不能再是法律思想的决定性主角，法官应当如何裁决这一问题也不能再是其核心论题。更重要的问题是，通过法律的细节来构建社会。

第三个条件是预见到一些能够更好地处理社会制度和意识形态结构及其转型的元素，并为之做好准备。社会生活体制的制度

---

[1] 中译本参见昂格尔：《法律分析应当为何？》，李诚予译，强世功校，中国政法大学出版社2007年版。——译者

方面和意识形态方面的关系是最深层次的法律现实：社会的制度和实践必须通过使它们有意义的观念才能进入法律当中。这些观念及其彼此间的冲突并非是关于与这些观念不同的主题的理论。它们帮助创造主题，它们就是主题的一部分。这一事实为学说提供了持久的起点，这也是为什么我们需要重新改造、重新调整学说，而不是舍弃它们的理由。

整个社会历史研究长期以来明显缺乏结构的想象，法律思想不应对此负责。也不能完全指望法律思想自身去拯救古典社会理论的原初洞见，并使之极端化为社会生活既有的和想象的特性。然而，它的确可以在矫正结构想象方面发挥作用。它所面临的结构谜题，恰好处于这个谜题能够被最佳理解和克服的层面上，也就是各种具体的制度安排和表达的层面。在此层面上，我们不能再躲在各种意识形态抽象的庇护之下，它们已经失去了其意义和方位。我们必须自己学会以不同的方式思考。

从一开始，我就在批判法学运动内部为这一制度主义立场辩护，并且从这一有利立场出发撰写本书。

批判法学运动有助于打破法律研究中的共识，提供了参与黑暗时期法律文化的不同道路。然而，它在很大程度上并未完成其最重要的使命，也就是，将法律思想转化为洞见到社会既有制度和意识形态结构的源泉，转化为替代性社会体制的思想源泉。从随后30年间取得巨大影响的两种思潮的特点，可以清楚地看到这一失败的重大意义。无论哪一种思潮，还是两种思潮的结合，都没有成功在法律理论和法律方法上重建共识。可是，它们却代表着现在广为流行的信念和态度,那就是复古的教条主义(retro doctrinalism)和收缩的边沁主义(shrunken Benthamism)。

重申一点,我的关注点是美国。然而,上述这两种思潮在欧洲都有其相应的副本。无论是其美国版本还是欧洲版本,都分别在世界大多数地方传播开来。它们偏离了法律理性分析实践的假设与结果,也偏离了其支持的法学流派的假设和结果。但是,它们朝着与理性化分析方法大体一致的方向前进,这种方向的一致性即便不存在于其法律进路当中,也存在于他们对待既有制度安排和意识形态假设的态度当中。

这两种思潮的影响力在当代美国和世界法律思想中并非最主要的。至少还有一股思想潮流比这两者的影响力更大,它远远先于这两种思潮,并且必定比这两者更持久。在讨论这两种思潮前,我们先来看看第三种思潮。法律思想的第三种存在情形是,试图将公法(特别是宪法),诸如欧盟这类超国家组织的法律以及国际人权法,既当作政治斗争的最终限制,也当作我们政治理想的最高表达。其典型产物就是将公法学说发展成为一种高尚却又霸道的底线主义(minimalism)工具,那就是,把保障基本权利当作所有政治力量都必须尊重的底线。

这种底线主义暗含的担忧是,当导致滥用和压制的意识形态冒险没有超越政治时,政治总是站在堕落为贪婪的利益之争的边缘。底线主义通常回应的直接政治情境是,未能在当下的环境中提供20世纪中叶社会民主方案的续集,用以更好地保存社会民主伟大的历史成就——对人民及其禀赋寄予厚望。底线主义的理论前提是，国内公法与国际公法最重要的任务都是让一切法律和政治皆服从于基本权利的约束。

这种备受青睐的底线主义方法是一种先验形式主义：在一个双重基础上捍卫和发展一套权利体系。这一体系由宪法性文件、宪法性理解和宪法性传统赋予其法律效力。它的这一先验要素，也限定、维护着一个自由社会、民主国家或某种满足条件的因而也是可接受的、丰富的多元国民生活形式的先决条件。在这种观点看来，基本权利关切是公法的核心，是法学家们最重要的责任。他们践履这一责任的方式是解释法律，并在必要的时候凭借宪法法院法官或超国家法院法官的身份来宣布法律无效。

先验形式主义——其最青睐的方法，但远非唯一——所服务的这种高尚却又霸道的底线主义，有两个密不可分的缺陷。

第一个缺陷是，它没有意识到政治生活中所谓不变因素和可变因素之间的区分是相对的。我们有关基本安全、特权与禀赋的观点必定会随着有关政治、经济和社会替代性选择的观点而改变。在这些替代性选择争辩中最重要的一个问题是，某种理解和型塑基本权利的特定方式在多大程度上把贬低和压制我们的政治经济生活秩序视为理所当然。如果以没有更好的替代性选择为这种秩序及其暗含的基本权利观念做辩护，那么有关权利的争议就必定会转向一种有关替代性选择的争辩。然而，高级的底线主义的要点却预先制止了这种转向。

第二个缺陷是，没有意识到诸多保护是为了什么：它们之所以重要，是因为它们赋能赋权。基本权利话语充其量只是一个从未被讲述过的故事的前奏。父母会对孩子说：我无条件地爱你，也会尽最大努力保护你；现在出去闯一闯，在世界上掀起一番风暴吧！高级的底线主义只知道有关保护的部分，却不知道有关风暴的部分。它建议我们减少政治的损失，却没有提供我们如何增加收益的观点。

在美国，这种高尚却又霸道的底线主义的主要发源地是宪法：20世纪的理性化分析方法和19世纪类型学观念在其中展现了其最具侵略性的一面。在本篇序言重新审视以及本书所处理的这些争论中，美国法学家们经常运用先验形式主义工具，继续本着高级底线主义的精神解释宪法。

美国人忠诚于他们的宪法，很多人把它当作一个神圣的政治发明。他们的前提是，这个国家建国之时就已经发现了自由社会的最终公式，只是在危机的压力下才不时调整适应。其他人要么同意这一公式，要么继续在贫困与专制中苦苦挣扎。从杰斐逊以来，许多美国思想家都呼吁不要盲目崇拜宪法，但这种呼吁几乎一直被置若罔闻。

由于美国人被赋予的这部宪法他们几乎难以改变，并且它将权力分立的自由主义原则与政治放缓的保守主义原则（体现在麦迪逊的制约与平衡机制当中）联系在一起，美国人已经被培养成将这一宪制方案既当作国家认同的组成部分，又视为一切民主政体应当呈现的表达形式。可是，这一方案导致的一个结果是，形成了一种自由民主主义的原型，后来的宪法创新从未在关键方面破坏过它。美国法学家们发现自己永远都想要把看起来利于自己的有关民主的观点解释进宪法当中。对他们而言，彻底改变宪法只能是宪法修正案的一个例外手段；更可取的做法是，佯称宪法的含义与之前一直被赋予的含义有所不同。

然而,美国宪法的建构性解释更适合于实现某些目标而不适合于实现另一些目标。相较于以宪法的建构性解释去推动重塑政府制度安排及其与社会的关系,它更容易用来在一个不变的制度框架下重新解释各项权利;相较于佯装宪法允许每一个政治机构提前进行选举,或者佯装宪法规定了政府的第四部门,专门被设计、组建和资助来干预某些特定的社会实践领域,这些社会实践试图将弱势群体从那些他们通过可兹利用的集体行动依然无法逃脱的被排斥、被压迫的境况中解救出来,声称平等保护或正当程序的实际含义不同于其过去被赋予的含义要容易多了。

尽管宪法法官执意于对宪法进行激进的重新解释,有组织的社会运动则可能抓住了司法治理行为开放出来的变革机会,然而,要想避免上述这种取向的结果,仅仅诉诸宪法法官与有组织的社会运动之间形成合作这一理念,是远远不够的。只要国家的政治经济制度不改变,这种合作几乎没有任何前景。如果宪法的理念化是要以接受这种反制度的取向为代价,那这一代价未免也太高了。

理性化分析方法所唤起的思维习惯于是在另一种更古老的发展宪法的进路中找到了支持:这种进路试图呈现既有制度体制的最佳面貌,倾向于将宪法视为促进我们理想、实现我们利益的最终模板,其预设前提是,只要运用正确的概念工具,就一定能够找到历史业已生成的更高级的理由。似乎理性化分析方法只是概括了长期以来在处理美国宪法方面占据主导地位的态度。

其他国家就没有这么敬畏他们的宪法。可是,他们通常也经历了理性化分析方法与缺乏制度想象的立宪主义政治神学间的类似联盟,只是程度较低而已。在没有其他替代性选择的专制环境下,20世纪中叶社会民主方案历经磨难的版本继续存在,同时结合了20世纪早期确立起来的反对结构性变革的宪法传统。新宪法既没有提升政治热情(民众有组织地参与政治生活的水平),也没有加快政治步伐(适应社会政治转型中的关键性试验的能力,同时鼓励在国家的特定部门或地区创造有关国家未来的对立模式)。相反,他们致力于实现社会和经济权利的承诺,但是他们并没有提供实现这些权利的充足的制度机制。他们弱化了对现有低效民主的批评。他们接受一种更微妙的理性化态度,而这种接受结构的态度正是理性化分析方法扩展到整个法律领域中的。

* * *

与公法领域有关基本权利的理论化不同,复古的教条主义与收缩的边沁主义表达了一些新东西。然而,它们也只不过是旧瓶装新酒罢了。

复古教条主义试图恢复和发展20世纪广受反教条怀疑主义批判(包括批判法学运动所加剧的批判)之前的法律学说。它认为特定法律部门的一系列规则和原则就是对该法律规则和社会实践领域内在逻辑的解释。它看透了制定法与判例法变幻莫测的表面现象,去想象其处理的社会生活与法律领域的内置结构。它与影响了19世纪法律科学的类型学观念有着毫不掩饰的亲缘性。它的发源地是私法(它一直被称为"新私法")[1];可是,它有时也能通

---

[1] 参见亨利·E.斯密斯(Henry E. Smith):"作为物法的财产"(Property as the Law of Things),载《哈佛法律评论》2012年第125卷,第1691页。

过扩展其假设和范围,与我所谓的基本权利的先验形式主义进路相结合,从而延伸到公法领域。

如下三种境况有助于解释复古教条主义的出现及其内容。第一种境况是,在20世纪,即便一种新的公法语料开始进入私法领域,私法仍然相对保持稳定。私法的相对稳定性令许多人还大胆地以过去通常的那种方式看待私法:认为它表达了社会经济关系根深蒂固的理性秩序。

第二种境况是,人们对理性化分析方法的信任逐渐削弱,同时对19世纪法律科学的特性也产生了误解。在黑暗时期,政策导向的、基于原则的目的性法律分析风格的诸项假设,及其将法律看作完美接近社会生活之规定性计划的进路,变得越来越不可信。这一方法最具魄力的版本恰恰最可能在法律学术圈里被提出来。各大法律思想流派都为各自版本的基础和发展提供了替代性方案。这些法学流派共享的关键预设是,有关政策与原则的叙事在很大程度上已经出现在法律中,它们要比规则、准则更深厚、更重要,需要专业解释者去完成。很少有人能让自己相信这一点。

与此同时,这一方法以及20世纪期间猛增的法律怀疑主义的前身,通常被扭曲为对法律抽象的天然崇拜,被扭曲为"法律是一套无缝的规则体系"这样一种同样原始的取向。解释者有望用类似演绎推理的方法从这套体系中推导出每一个法律选择问题的唯一正解。这歪曲了19世纪法律思想的真正特性:致力于揭示每一种经济、政治和社会组织内在的固有法律内容,并将这一结构解释为由概念、规则和准则构成的一套体系。复古教条主义之所以能够欣然拥抱类型学观念,是由于它们未能将之与19世纪的法律科学关联起来,反而一直以一种已经成其为传统的方式蔑视19世纪的法律科学。

然而,复古教条主义只是在某种加以限定和削减的形式上支持类型学观念。它并不明确支持如下类型学命题——一份封闭的社会组织类型清单,每一种类型都有其内置的法律内容。不过,它以一种更小、更零散的规模向相同的方向前行。这种对19世纪法律科学三心二意的认同到底意味着什么,从其对待财产的做法可窥见一斑。这一例子具有特别紧要的意义,因为财产权在过去几百年间一直是权利的典范:我们整体上的权利观是以财产为模板型塑的。

复古教条主义的拥趸们批判作为"关系束"的财产这一观念。他们强调,财产作为"法上之物",有着由其在市场经济结构中的功能所决定的特定构造。他们反对将财产解释为一束关系(也就是可以被分割并分别赋予不同的权利所有人的不同权能)的理由是,这种观点错误地将财产法规制的法律关系视为可以随意重塑的、无定型的黏土。

在上述这种批判中,复古教条主义误解了财产作为关系束的重要意义。首先,这一观念唤醒了一件历史事实:一体财产权是一种历史上的异常现象。在普通法系和民法法系传统中,它都是19世纪的创造物。在法律史的发展进程中,各种集中被授予同一权利所有人——所有权人——的权能被分割并赋予不同层次的权利所有人,这些权利人对同一个资产享有相互叠加的不同权利主张。其次,更重要的是,财产作为"关系束"的观点,表达了从19世纪中叶到20世纪中叶法律理论唯一最高的分析性成就:发现市场经济没有统一的自然且必然的形式,它能够以不同的方式被组织,从而影响生产和交换的制度安排,也影响利益和机会的分配。财产作为"关系束"这一观念的要旨并不在于财产无定型,而在于根据它所界定的市场经济版本,它可以具有不同的形态。

法律思想与后边际主义经济学的主导思潮都已经被证明无力建基于上述这种洞见之上。与此相反,它们反而压制其纲领性的指导意义。由此,财产法可以被表达为市场经济中的物法。根据这种观点,市场经济的核心制度安排不可能是什么别的东西。事实上,财产法一直都不是物法,而是在特定经济体制(包括独特的市场秩序)中,人与人之间关于物的关系法。

以拒绝接受财产是一个"关系束"的观念为例,这些日积月累、彼此关联的误解阐明了当代教条主义追溯19世纪法律思想中的类型学观念的意义。可是,它这样做的时候并没有太大的雄心壮志,明晰性也不足。其典型工作就是对市场经济现有制度形式进行法律理性化。与其说它是在寻找通往据说潜隐于现有法律中的诸种原则与政策的指南,毋宁说它越过法律的表面,到社会经济生活既定体制的固有组织中寻求指引。

利于复古教条主义传播的第三种境况是一种转向,我此前解释批判法学运动兴起的广阔智识语境时提到过这种转向。在实证社会科学中,理性化取向占据了上风:将现行制度安排解释为进化竞争中当之无愧的赢家。在政治哲学、法律理论等规范学科中,教化(humanizing)努力居于主导地位:诉诸对改良实践——对通过税收转移支付的补偿性再分配——的伪哲学证明,以及以原则和政策的语汇进行的法律理念化。在人文学科中,一种脱离了社会再想象与再造的、主观性的冒险主义一路狂飙。这些理性化、教化、逃避主义思潮切断了有关实际的洞察与有关相邻可能的探究之间的联系。

在这样一种缺乏对结构限制、结构变革和结构替代性选择之想象的观念氛围下，很容易就相信，现行制度安排不可能是一系列实际的、想象的竞争和妥协的偶然产物。根据这种观点，特定位置上的各种制度共享着一套体系的品质。它们的体系化品格被认为，是在全球经济、政治和意识形态竞争下探索最佳实践的累积性结果。

在冲突激烈的时期，这种信念不会获得多少同情和理解。可是，在没有其他替代选择的专制统治条件下，它们开始看似合理起来；在这种时期，彻底质疑既有制度的老生常谈已不再可信，也没有任何新兴权力为人类提供一个不同的未来。在这种境况下，复古教条主义代表了对法律思想中的常态的一种回归；此时，常态意味着，至少在下一次国家或世界的巨大危机之前，哪怕是试验性地、零碎地实现的根本性变革，也要放弃。这条道路已经放弃了理性化分析方法及其法律理论支持脚本更为不切实际的雄心壮志。可是，它也依然继续在从事学说研究工作，当法学家们不被各种引人注意的重大事件或更高的权力干扰时，他们会一直从事这种工作。

如果说对早期教义观念的这种三心二意的回归是自批判法学全盛30年以来的一股突出思潮，那么收缩的边沁主义就是另一股思潮。收缩的边沁主义从工具主义的角度认为法律是一套工具，用以对人之行为的激励和约束进行边际调整。[1] 这种调整是为了实现由启蒙专家们设定并最终——也仅仅是最终——由民主权威批准的各种目标。其在有关心智、大脑与行为的所谓科学研究中找到了支撑。

追随边沁，收缩的边沁主义在法律中看到了一种工具的源泉，可以用来推动人之行为向有益的社会目标前进，激励机制与反激励机制也相应被设计出来。像边沁一样，它既对传统法律推理的任何独特程序和限制没有耐心，也对大部分法律具有的偶然性、历史性没有耐心。用当下学院派哲学的术语来讲，其态度大体上是"后果主义"的，即根据效果来评判各项制度安排。最重要的是，其道德心理学让人想起边沁的道德心理学，强调利用奖惩的权力来修正锚定于快乐与痛苦之原始计算中的各项行为。

然而，在其他方面，收缩的边沁主义就与边沁本人完全不同了。边沁有一个关于制度重构的激进计划。收缩的边沁主义认为既有制度安排在很大程度上是理所当然的。如果需要完善的话，它也只是建议，在努力将行为引导至成本收益计算后推荐的方向上来所必需的范围内进行部分调整。这种计算不考虑边沁所设想和寻求的那些人类经验中的重大变化。它所推荐的政策调整并不暗含制度体制的实质性改变。边沁是一位孜孜不倦的冷峻改革家，他根据尚未实现的人类机会这一更高的视野来评判社会秩序。他采用一种毫不妥协的批判方法。边沁的这些追随者们自己是技

---

[1] 参见理查德·H. 塞勒（Richard H. Thaler）、卡斯·R. 桑斯坦（Cass R. Sunstein）：《助推：如何做出有关健康、财富与幸福的最佳决策》（*Nudge：Improving Decisions About Health，Wealth and Happiness*），2008年版。

术专家,运用其时代里既有的心理学和经济学方法,去实现一些偶然出现争议但绝非系统性争议的目标。

复古教条主义与收缩的边沁主义看起来似乎是对立的观念。它们事实上也是 20 世纪早期争夺影响力的对手。然而,它们之间的一致远比它们之间的分歧更强大和深厚;例如,对既有体制之制度安排及其假设的消极态度;相信这些制度安排和假设反映了现存秩序某些深邃、有价值的东西(构成制度设计基础的理性结构,结合理性与历史的希望);黑格尔右派[1]的冲动;钦佩以法学家和政策专家为主体的专家们的资历,相信他们能够在一种受到抑制的民主的远程监视下,根据理性结构改善制度设计。

这种深度而隐蔽的一致性有助于解释,同一个学院派法律人在同一天的不同时段、同一部作品的不同部分,其身份如何能够相互交替,时而是一位复古教条主义者,时而又是一位收缩的边沁主义者。激进边沁主义者从外部敌视法律,将其视为批判和变革的对象;教条主义法学家从内部参与现行法律,将其视为不断发展和完善的社会生活计划的担纲者。两者之间的这种对立,被这些累积性的模棱两可与混淆遮蔽了。

这两种被假定为对立实际上一致的取向所享有的影响力,揭示了批判法学运动扰乱法律思想共识之时,其成就具有的局限性。这些局限性预示了下一个历史时期需要做的工作。

---

[1] 即"老年黑格尔派",19 世纪 30 年代黑格尔学派解体过程中产生的右翼思想家集团、德国保守派的思想代表。根据施特劳斯用议会座位的左右比喻政治观点的说法,老年黑格尔派为黑格尔右派,青年黑格尔派为黑格尔左派。——译者

§3 本书缘起及关切

这本小书源起于1983年3月批判法学第六次年会上发表的一次长篇餐后演说。我将其扩展为一篇短论，次年发表于《哈佛法律评论》第93卷。1986年哈佛大学出版社几乎原封不动地将这篇论文出版成书。

那时正是美国以及北大西洋大多数国家的法律思想从20世纪中叶解决方案的规范化时期向黑暗时期过渡的时代——西欧经历了社会民主时期，美国则经历了罗斯福新政。尽管理性化分析方法误解了19世纪的教义形式主义，但它作为其继任者取得了正统地位，并作为其继任者在世界范围内广为传播。向黑暗时期过渡的同时，针对法律分析实践诸项预设的一种玩世不恭的策略性态度也随之蔓延，法律分析实践的从业者们发现越来越难以相信这些预设，却又依然觉得它们有用。

那时也正是批判法学运动在国内引发举国关注的时代，它收获了一大波支持者，这些支持者认为它只是推动美国法中传统进步主义政策和观念的一种工具。随着事态的发展，批判法学运动险些错失获得一种方法论及纲领性的独特身份认同的机会。作为法律学术圈对进步主义政治虔诚和过往智识潮流的一种呼应，它可能微不足道。其结果是在更广泛的政治与智识公共领域里强化了这样一种确信：批判法学正在处理一件因容易被贴标签而被忽视的事情——美国法律现实主义余波以及众所周知的左倾信念表达。

鉴于我所处的环境，我是从世界法律思想的未来这一旨趣进入批判法学的，而不仅仅关注或主要关注美国。鉴于我纲领性的政治立场，我认为将批判法学化约为美国进步主义的各种主导形式是一种灾难，因为这些形式非常典型地强调族群身份和利益；它们未能扮演好新政的继任者，以回应本国广大工人阶级的需求和愿望；它们缺乏重构国家与经济的制度建议；它们也反感理论上的野心和结构上的想象。鉴于我的工作性质，我认为法律思想是阐发一套思想议程的另一个领域，这套思想议程只能在下述意义上才能被贴上哲学标签：它典型地将每一种学科结合为一种方法，拒绝对大学文化围绕其进行组织的学科分化盖棺论定。对我而言，要想在实践中取代制度上保守的社会民主和身份政治，就需要从理论上取代马克思主义社会理论和自由主义政治哲学。

本书由五种争论构成。

第一种争论针对批判法学内部的新马克思主义和解构主义取向。新马克思主义功能主义，尤其是在法律史领域内，重蹈了必然论社会理论的错误。如果说它有减少这些错误的话，那也只是削弱了这一理论传统的假设和主张，并没有取代它们。解构主义聚焦于法律推理中的极端不确定性，将法律化约为它从来不曾是过的样子，也就是，一系列修辞操作的机会，唯一限制它的只是一种根深蒂固却又未公开承认的共享观念或意识形式的影响。事实证明，这是一条智识上和政治上的死路，没有为实现其变革意图提供任何工具。

第二种争论针对制度上保守的社会民主主义，它已经成为进步主义政治及其相应对手——承认与身份政治——的默认立场。

除非革新市场经济、民主政治以及独立公民社会的制度安排,否则就没有什么方法能解决甚或是对当代社会的核心问题发言。放弃诸如此类的革新在一定程度上限定了左翼事业的这些式微版本。

第三种争论针对反对对法律与社会进行建构性、综合性理论化的意见。这类反对意见可能看起来不会产生影响,可它确实产生了影响。人们误以为,这种实现综合性理解的努力所采取的欧洲古典社会理论或哲学实践中的形式,是一种超科学,耸立于各学科之上,声称解释我们生活方式的框架。结果是非常致命地削弱了我们逃离现有观念引力场的可能性。它将我们局限于只能对这些观念的不同部分以及阐述这些观念的那些杰出人物发起一系列碎片化的游击式攻击。

第四种争论针对理性化方法及其作为19世纪法律教义学开明进步的继任者在全世界的推广。实际上,理性化分析方法这个继任者比其信徒们宣称的还要更加接近其先驱。它违背了法律思想更高的使命——也就是其在具体设想社会的替代性未来方面的角色,损害了民主。它为初级的法律思想使命——也就是其在审判环境中的工作——投射了一种虚构的神秘光环,把法律表述成一种近似于可理解、可辩护的社会生活计划的东西(尽管是不完善的、有缺陷的),而不是表述成各种支配与服从的准则所构成的一团大杂烩,而这才是法律真实的样子。其神秘化助长了法律名流们的权力,却剥夺了其他公民同胞的权力。法律思想能够有不一样的、更好的未来。

第五种争论针对法律学说的具体化以及相应的谴责,其批评者们将它等同于晚近系统性的法律理念化的主要变体——20世纪的理性化分析方法和19世纪的类型学视角——所采取的形式。本书的关切是,助力挽救和再造古老而普遍的学说实践,同时使之为法律思想的大小两种使命服务。

法律思想能够具体处理制度、实践同我们对自身的利益、理想的理解之间的互动。这种互动才是法律的命脉和实质。可是,要想充分利用这种潜能,我们必须既放弃坚持将既有的法律视为一套理性化的体系,又放弃专注于将司法裁决当作法学的优先考量。

二　当代法律思想的使命

§1　法律思想的两种使命

法律是民族生活的制度形式,与赋予这种体制以意义的利益和理想密切相关。我们的利益和理想总是被钉在实际上表达它们的制度与实践的十字架上,法律就是这一受难发生的地方。

可是,法律一直也是专家们的特殊事务。对这些专业人士以及他们在其中接受教育的法学院而言,他们能用法律做什么这一关切至为重要,并推动着对法律的理解。他们很容易就相信法律就是法院和律师所做的那些事情。于是"法官应当如何审理案件"这一问题就变成了法律理论的核心议题。

每当法学家们及其结盟的政治力量在民主的限制下,试图诉诸司法政治来回避政治上的政治、试图从法庭上获得人民已经拒绝支持的东西时,这种狭隘的视角就会更备受鼓舞。法律名流们伪装成在执行共和国诸多事务中的某个更高任务以混淆视听,实际上是冒险将自己的视角置于优先位置。

把握制度与实践同有关利益与理想的既有理解之间的关系,并且脱离任何职业专门化限制,在更宽广的范围内去把握这种关系,这将一直是一项对社会产生巨大影响的活动。风起于青萍之末,任何大变革通常都始于微小变动。每一个法律部门都含有一些反常的解决方案、例外、异常和矛盾。每一个这类偏差都可当作组织该法律部门和社会实践之替代性道路的出发点:例外可以变成规则,异常则是安排社会生活各部分的不同方法。在我们看来,为了我们的利益和理想而开始的制度安排改革,很可能因有关我们想要什么、信奉什么的理解发生了变化而终止;只有我们的利益与理想依然与实际表达它们的制度相结合,它们对我们才是显而易见的。一旦我们解除这种结合,我们就有理由去质疑那些看似不言而喻的东西。

过去几个世纪法律学说——包括19世纪的类型学方法和20世纪的理性化分析——的依次实践,都低估甚至是遮蔽了法律的矛盾本质。每一个都蛊惑我们将既有法律当作一个不断趋于完美的理性化体系——也就是一个可理解、可辩护的社会生活计划,虽然它们各自以不同的方式概括该体系的特点。在这一实践过程中,它们每一个都受到了如下这一"赌注"的影响:法律人在不挑战国家权力行使基础的情况下,找到重要的事情去做。

打破此种理念化体系施加的魔咒,法律思想就能认清法律相互冲突的现实,并且利用这一矛盾冲突为变革性的洞见和实践服务。成为制度想象的一种实践,通过法律的具体细节参与社会自身机制、探索我们接下来能够以及应当将其变成什么,这是法律思想的宏大使命。

在当时世界上普遍没有其他选择的专制情况下,这一任务有其特别的重要意义。打破这种专制的一个必要条件是,现在提供的关于安排不同社会生活领域的替代性制度方案的清单非常有限,我们必须扩充它。简单利用从过去继承下来的诸种意识形态抽象,我们并不能完成这项任务。只有仔细研究历史传递到我们手里的各种观念的、制度的质料——法律就是这些质料最丰富又最具体的体现,我们才能完成这项任务。

法律思想既有宏大使命,也有细微的具体任务,也就是在审判环境内外维护权利、解决纠纷。拒绝为具体任务而牺牲宏大使命,并不意味着我们有权否认宏大使命的重要性。法官(以及其他准司法的、司法之外的法律解释者、纠纷解决者)应当如何审理案件,即便这一问题不能成为法律理论(legal theory)的核心议题,它也依然是关于法律的理论(theory of law)需要回答的问题。

可是,我们关于具体任务的看法,必定不会与我们有关宏大使命的理解相抵触。如果我们对法律的理解是融贯的,它必定依赖于同样的假设、服务于同样的目标。

我们不必从头开始去收集此种看法的具体元素。19世纪晚期和20世纪早期法律思想史上一种被误解和遗忘的冲动提供了最佳出发点。趋近具体任务的进路可以从这一冲动终止的地方开始。

法律观念史上曾经有这么一个时刻,此时19世纪法律科学的规划已经备受批评,被贴上了诸如形式主义、概念主义、教条主义以及潘德克顿主义[1]等标签,但基于政策和原则话语的理性化分析方法尚未占据一席之地。法律分析另一种未来的这些拥护者们坚持认为法律应当进行目的性解释,也就是说,必须以特定历史语境中或隐或现的目的归因、依据该语境中通行的假设和利益,来证明解释的正当性。在每一个此种现实的语境里,都会存在一个有关意义的宽泛共识——不是因为语词有确定不变的含义,也不是因为语词所指的事物表达了稳定的本质,而是因为只有当控制解释的目的存在争议时,它们才需要被明确。

可是,这一进路并不允许偏向理念化的法律体系化。无论是19世纪的类型学方法,还是20世纪的政策与原则话语,都以不同的方式表达了这种偏向。取代任何这类理念化的做法是,承认法律就是各种利益和愿景之间可控冲突的历史产物。在这一冲突中,某些立场暂时占据上风;但它们不会永远立于不败之地,也几乎不会取得彻底的胜利。即便它们胜出之时,它们也与其他相冲突的解决方案共存,这些解决方案在现行法律内是遗迹、叛逆,也是对不同未来的预言。

由此,有关如何最好地完成法律思想的具体任务的观点,经常但并非总是通过我后来所谓的"关于法律的斗争理论"来表达:认为法律无论何时何地都是社会生活条件中间歇中止、相对可控之冲突的残留。这种进路拒绝将法律理解为无限趋近一种可理解、

---

[1] 潘德克顿主义(Pandectism),又译为"潘德克吞主义"。秉承罗马法继受的传统,以《学说汇纂》为基础,由萨维尼等罗马法学家在19世纪后半期创立起来的德意志私法体系被称为"潘德克吞体系"(Pandekten System)。其主要方法是从罗马法决疑论式的文本中抽出一般的法规则和法概念,并对之进行体系化。——译者

二 当代法律思想的使命

可辩护的社会生活计划。

在不再相信 19 世纪的法律科学与理性化分析方法兴起之间的这段间隙里,涌现出了耶林、惹尼[1]和霍姆斯等法学家。

他们在一种专业的尤其是审判环境中提出了一种现实的、紧缩的法律推理视角。这种视角与其说是一种规范性建议,不如说是一种描述。可是,就其拒绝将法律描绘为一个理念化体系——无论是描绘为某种社会组织的固有内在内容,还是描绘为一套公共政策及非人格化的权利原则的表达——而言,它既是一种规范建议,又是一种描述。法律解释中不可根除的自由裁量因素意味着我们只能在制定法律与解释法律之间,或者说在影响解释法律的利益、愿景竞争同那些推动制定法律的利益、愿景竞争之间,划出相对而非绝对的界限。说这种界限是相对的,并非说该界限不真实或不重要。在这种视角看来,专业的法律解释,并不仅仅是政治以其他方式的简单延续;正是其继续受到各种限制与承诺的规约,才改变了它的性质。

一旦接受这种有关专业法律解释的紧缩视角,根据归因目的、借助类比推理进行的法律解释在大多数情况下都能够与尊重字面含义及既有先例相调和。只有当涉及的利益既相互矛盾又具有同等分量时,指引解释的各种目的才需要被明确,这样才能更好地接

---

[1] 弗朗索瓦·惹尼(François Gény,1861—1959),法国法学家,在革新民法解释方法和复兴新托马斯主义自然法方面有杰出贡献。惹尼对学说汇纂派的理论和解释方法进行了严厉批判,认为当现有法律未直接提供可适用的法律规则,法官可以从既有的形式法源之外自由地寻求法律规范;但法官不可为所欲为,因为这个自由寻求同时又是客观的,必须建立在客观因素的基础上。——译者

受专业解释者共同体内外的批评。

在下级法院,法官或仲裁员直接面对当事人的人性现实,标准的法律解释实践所建议的裁决可能无可非议地被衡平调整所压倒。如果法律解释实践得出的结果,与纠纷发生的社会环境中基于角色的互惠性期待反差太大,裁决者可以将这一结果搁置一旁,转而支持衡平法上合理的替代性结果,无须假装改变了现行有效的法律。

在最高法院尤其是宪法法院,标准的法律解释实践可能偶尔会让位于特殊的司法治国行为。面对政府各政治部门之间的僵持所引发或延续的国家危机,法官可以通过对宪法或法律进行激进的重新解释来干预。实际上,他们可能诉诸未来、诉诸陷入僵局的政治部门、诉诸人民。除非他们在社会上拥有组织化的强大社会运动作为未被公开认可的盟友,他们的努力才有可能成功斩断这一戈尔迪之结[1]。这些盟友们的工作,就是抓住司法治国所释放出来的机会,着手将一个危险的司法冒险变成一个自我应验的宪法预言。

这一有关解释和审判问题的进路,并不要求接受 19、20 世纪法律学说中的高级伪装,能够与民主的主张相调和,并不否认任何法律体系具有的偶然性和矛盾性,因此也就并没有为了追求法律思想微小的具体任务而否定其宏大使命的各项假设。具体任务的

---

[1] 戈尔迪之结(Gordian knot),西方传说戈尔迪乌斯国王打了一个难解的绳结,宣称谁能解开这个绳结,谁就能成为整个亚细亚的统治者,后来为亚历山大大帝所斩断。用以比喻棘手的难题,而"斩断戈尔迪之结"则用于描述创造性地解决看似难以解决的问题。——译者

二　当代法律思想的使命

谦逊与宏大使命的雄心壮志相互补充、相辅相成；两者分别以各自的方式在各自的语境中，共同服务于民主事业。

通过与一种容易被误解的观点相对比，这种有关专业法律解释之朴素进路的意义会变得更加清晰。这另一种观点认为，法律推理是一种难以言喻的实践判断艺术。它不可能化约为任何抽象观念体系，因为它所展现的思维方式无法与演绎、归纳和溯因的标准过程相适应，也不可能化约为任何一般观念体系。只有经过在职业共同体内的长期实践，不断熟悉专业实践所处社会环境中的各项事务，深入了解所涉及的人们的观念、利益和情感，才能掌握这门艺术。

这种观点就是那些所谓罗马共和时期法学家们——他们反对古希腊哲学的影响和专制帝国主义的需求——的继任者有关其实践的观点。在英美法漫长的发展历史里，它在一定程度上塑造了普通法法律人的自我描述。即便是在当下，也依然有一些人在诸如审慎与实践智慧等伪哲学标签的伪装下，提及这种观点，他们可能将一套松散而常见的方法当作一套神圣的神秘事务。然而，除了幻想为似是而非的权威服务以外，它对于我所谓的有关法律思想具体任务的现实和紧缩的观点，毫无增量。

一旦打开这一据说精巧而难以捉摸之技艺的黑匣子，我们就会发现构成这一观点的全部元素：普遍诉诸类比推理，认为传统道德在很大程度上存在于彼此基于角色的权利主张之中，认为成功处理实际事务的能力要求熟悉在特定社会世界中具有支配性影响力的利益与理想，熟悉公认的用以促进这些利益和理想的可及手段。除此以外再无其他。再没有什么比这更难以言喻的艺术，也没有什么比它更藐视理论的技艺。只有一条道路可以让法律思想的具体任务取代其宏大使命,但这虽对法学家们有利却有损于社会。

§2 法律思想的普遍历史

理解法律思想宏大使命的最好方法是将其置于世界历史的语境之下。只有远距离观察它,我们才能完全领会其内容及结果。

法律思想普遍历史上存在三种基本元素。它们在不同的法律传统(包括民法法系与普通法法系)与历史时期不断反复出现。其中两种元素浮在争论面上,它们几乎占据了法学的全部议题;第三种元素则扮演了一个沉默的角色,很少受到关注。法律思想的未来及其宏大使命的履行有赖于彻底重新安排这三种基本元素之间的关系,要彻底到足以消解它们各不相同、相互冲突的特性。

法律思想普遍历史上的一个主要元素是,"法律就是教义式地寻求社会固有道德秩序的产物"这一观念;另一个元素是,"法律是国家或主权者的意志"这一观念。这两种元素都不完整,需要彼此支持才能构成对法律的全面理解。可是,这两种观念又是彼此矛盾的——民主更多地是加剧而非克服了这两者之间的矛盾。法律理论的大多数历史过程,甚至在当下,都是在设法处理这一矛盾。

此外,这两种法律观念在另一个层面上也是不完整的。社会实际上是如何被组织起来的、在生活于其中的人们的头脑中是如何被表达的——也就是我们可以称之为"社会结构的既有安排和假设",尤其是其中的构成性部分,这在两种观念看来都是理所当然的。只有将"法律是对固有规范秩序的教义式寻求"以及"法律是国家或主权者的意志"这两种看待法律的进路联合起来,社会结构才会实际发挥作用。

法律思想普遍历史上起作用的第三种观念是,法律是社会的结构。不过,这种观点的作用在很大程度上一直是心照不宣的,结构还在阴影之下:无法解释、无法证明,甚至无法看见。

* * *

在法律史上的大多数时期,法学家们首先都将法律当作一起限定了共同生活计划的一套概念、范畴和规则。他们否认法律是国家的专断意志,哪怕是民主政府也不例外,就更不用说法律是各种利益和愿景相互交战的偶然结果了。相反,他们坚持认为法律是一项通往社会共存计划的累积性运动,该计划能为公众所理解和证明。

在教义范畴与观念还没有发展成为毫无生气的经院哲学时,他们就从致力于此种努力中找到了意义和权威。教义式寻求的传统阵地一直是私法:合同法、财产法、侵权法的各种教义,已经指明了这种潜隐于经常发生的社会关系和交易中的规范结构的方向。19世纪的类型学方法和20世纪的理性化分析方法只是其晚近的代表。

什么是教义呢?法律教义学工作的各种假设与我们当下的思维方式是如此格格不入,以至于我们无法理解其性质。就好比宗教体系相对于宗教社会学或比较宗教史、语法相较于语言学那样,教义是法律教义学的构成性主题;它不是一套元话语,也就是说,它不是某种能够区分主题的观点。另一方面,其主题又是一个具有象征意义的双重现实:范畴、概念与规则的表面,表达了一个更深层次的潜台词——它们零散地表达出来的可理解、可辩护的社会生活计划。它拒绝一种超然的观察者立场,采取局内人的立场,致力于构建话语共同体与传统。它主张教义的结果应当对政府权力的行使产生实际影响。

教义的历史预设是,存在一个追求制定和实施法律的国家,以及存在像柏拉图设想的一种将社会秩序与世界秩序、灵魂秩序联系在一起的高级文化。由于教义诞生于这种国家与文化的双重阴影之下——前者声称是法律的来源(即便不是唯一的来源),后者代表了我们在宇宙中的位置,因此它与国家、文化的关系从一开始就引发了不安和困惑。

定义社会生活的特征,这激发了不断重新创造教义的动机。要颁布我们的制度和实践,我们必须用概念来表达它们。我们只有搞清楚它们的意义,才能颁布它们。除非将这些概念与我们共同生活的愿景——也就是社会不同领域的生活能够是什么样子、应当像什么样子——关联起来以证明制度安排的正当性,否则有关社会生活条件的争议就不会暂时中断并得到相对控制。

然而,教义实践从来都是麻烦不断、不完整的。它之所以麻烦不断,是由于它与法律思想普遍历史上的另一种主要观念——法律由国家以及主张主权并实际行使主权的主权者制定——之间的竞争关系。法律如何能够既是一种教义学努力揭示、精练的固有规范秩序,同时又由国家的主权者来决定其内容应当是什么呢?

二 当代法律思想的使命

只要国家与教义学同时存在,这一问题就一直是法律理论的核心谜题。民主让这一令人迷惑的难题变得更加尖锐,因为除非对民主主权者意志的违背能够被民主主权者自我施加的宪法限制所正当化,否则任何对民主主权者意志的违背都将是一桩丑闻。

它也依然是当今的一个核心之谜。只要问问理性化分析方法所援引的政策与原则从哪里来就可以了。它们必须已经在很大程度上潜隐于法律当中,否则法学家们就可能会创造它们,而这就会贬损民主机构的立法权威。如果将指引法律目的性解释的规范性政策与原则描绘为已经潜隐于法律质料当中,等待专业解释者们去发掘,那么另一层面的麻烦就会出现。在利益与愿景斗争的砧铁上锻造出来的法律,如何能够照拂这样一种事实,仿佛它呈现了一个能够以政策和原则的语汇描述的计划?意识形态的抽象或底线主义的"重叠共识"决不足以构成这一计划;在每一个社会实践领域,指导性的信念都需要足够详细才能充分解释法律的内容、指导法律的发展。如果存在这种深厚的共识,那它又如何能够与"民主决定社会应当如何组织"这一主张相协调呢?对这些问题,在法律理论和实践中并没有令人满意的回答,有的只是一系列敷衍和逃避。

对社会固有道德秩序的教义式寻求不仅与"法律是国家或主权者的意志"这一主要的法律观念相矛盾,而且它也依然是极端不完整的,还无法意识到自身不完整这一事实及其影响。除非参照其所属的社会和文化世界,否则我们就无法理解或贯彻任何教义体系;如果它不能从这一背景尤其是从社会的构成性安排和假设中汲取生命和意义,那么其范畴就没有意义、没有生机,(因为)正是构成性安排和假设组织了常规的社会政治、经济和文化活动,包括那些在当下规划未来的活动。这些安排和假设构成了社会生活的结构,而这就是法律思想普遍历史上的第三种元素,它是另外两种元素沉默的伙伴。

在这段普遍历史上出现的第二种观念是将法律视为国家或主权者的意志。在宪制民主制度下,制定法律的权力由民主宪法塑造和批准。然而,其实现的最终判准,却依然是习惯性服从这一事实。

根据这种观点,行使国家权力的人说法律是什么,法律就是什么。然而,它并非像约翰·奥斯丁的法理学认为的那样,只是一系列命令。它是(根据这种进路的一个版本,分析法学)一个法律体系;在这个体系中,主权者意志的任意改变必须受制于法律的独特性质、手段和限制。又或者,它根本不是(根据这一进路的另一个版本,我在此称之为"关于法律的斗争理论")一个体系,而是一幅反映各种力量相互关系的图画,是历史发展过程中各种利益和愿景相互斗争的结果。在每一个点上,总是有某些力量战胜其他力量;可是他们的胜利很少是彻底的。

自从有了国家,这种法律观就一直不乏拥趸。然而,近来它被以两种差异巨大的形式表达出来——分析法学和关于法律的斗争理论。后者要比前者深刻、重要。

对分析法学(20世纪由汉斯·凯尔森、赫伯特·哈特引领)而言,法律是一个规则的等级体系,赋予主权权力意志以一般形式。其描绘法律的理论提供了这样一套语汇:法律既不能与对社会效

二　当代法律思想的使命

果问题的描述相混淆,也不能与对正义的规范性关切相混淆。其法律推理理论承认,法律解释中必定同时存在以规则为指引的推理以及大量粗暴的自由裁量;如果不允许裁决时创造以更小形式复现的利益与愿景冲突的空间,那么国家意志就无法转变成具体的裁决。

分析法学的方法论抱负与后边际主义经济学类似,依然免受因果关系、规范性争论之扰。可是,这种免疫的代价空洞无物。分析法学的政治目标是巩固法治,也即构建一个超脱于上述利益和愿景冲突的正当框架。这一政治目标与其方法论目标相冲突:如果不描述法律,法律人就无法适用和阐释法律;如果不将法律理解为解决冲突并从这个或那个方向倾斜其结果的特定方式,法律人就无法描述法律。

关于法律的斗争理论具有更重要的显著意义。根据这种观点,法律是由于围绕社会生活条件的永恒斗争间歇中止、相对遏制而产生的秩序。斗争必须被控制和中止,这不仅是为了和平与安全;也是因为只有如此,才能在国家权力的庇护之下生成、发展出一种融贯的、能够培育具有鲜明个性之个体的社会生活形式。

关于法律的斗争理论的典型代表是实践的法学家(如霍姆斯、耶林)和政治哲学家(如托马斯·霍布斯、卡尔·施密特)。

这种法律观念更宏大的规范性承诺是一种形而上学的活力观念:世界区分为主权国家与处于战争状态的国家,必须维持这一划分下可能的不同生活形式。其政治态度敌视介于国家与个人之间的各种社会权力,它认为这些权力是一种对国家能够保护和鼓励之独特生活形式的威胁。它认为理性、正当都不能裁断诸多意识形态、国家、共同体和阶级之间的盲目斗争。

可是,它对价值的怀疑、对权力的尊重,并没有防止其激发对法律思想具体使命最不危险、最为现实的解释——其在审判中的运用——在过去几个世纪法学普遍历史上的出现。这种解释肯定法律推理的目的性,否认通行于19、20世纪理念化的体系化主流进路。虽然其紧缩的现实主义、缺乏有关塑造社会结构的成熟理论,妨碍了对法律思想宏大使命的看法,但它依然为此留下了空间。

不管是作为分析法学还是作为斗争理论,"法律是国家意志"这一观念都具有与其法学历史上的主要对手——通过教义阐释固有的规范秩序——相应的那些弱点。只要一直存在中央国家和高级文化,它就会一直与其针锋相对的法律观念如影随形。法律的斗争理论的哲学家们,即便不是法律理论家们,可能会将教义计划当作阴谋诡计和障碍而不予理会。法律的历史现实并没有强迫他们:两种法律进路已然同时存在,尽管并没有什么观念能够协调它们。结果是,在实践中,它们的共存总是一种特别的例外,即便法学的主要关切始终旨在证明情况并非如此。

再没有什么别的地方比民法法系国家的法典化特性将这两种法律观念的矛盾共存体现得更淋漓尽致了。普通法法律人可以将民法法系想象为以法典为基础的体制。事实上,基本的民法典,至少在其私法本源上,几乎都是对先于法典之教义秩序的总结和更新,只是为了反映政治力量某种新的相互关系或反映国家某种个别关切而做边边角角调整。法学家们以其政治权威代言人和教义学传统监护人的双重身份编纂它们。他们通常小心翼翼地使前一种身份服从于后一种，假装为其政治主人服务，即便他们继续做着法律教义学工作。

此外，与教义学揭示和精练的固有规范秩序观念一样，法律是自上而下施加于社会之上的国家意志，这一法律理念也是不完善的，也依赖于它无法证立、解释甚或是承认的先行社会结构。为了成功提出这一法律观念，一切社会安排如果不是由主权国家设计，那都应当由它认可。从来没有哪个社会，国家制定的法律仅仅是对几乎不被打扰也看不到、就在那里的秩序的一系列偶发性干预，这种情况决不会发生。这似乎就像威权国家与民主国家的立法伪装，只不过是升级了的中世纪欧洲王族治权（*gubernaculum*），不时干预由法律人的教义法权（*jurisdictio*）再造与发展的普通法体系。

一种无所顾忌的虚构可能说，根据"沉默不言者，视其为同意"（*qui tacet consentire videtur*）的拉丁格言，制定法律的权威会默认他们无法改变的既有秩序的任何部分。可是，一旦我们认识到威权国家或民主国家在现实世界中实施其意志遇到的障碍，这一论证就会失去其看起来具有的合理性。如果与法律的斗争理论紧密关联的社会理论原型所支持的中间权力的破坏行动，以某些方式促进了自上而下地实施政治意志，那么它也可能以其他方式抑制政治意志的施行：一个未经组织的社会与一个组织化的社会一样，都会顽强地抵抗政府的变革意志。作为威权政治的一个变体，只有革命性的专制才有望走得更远。可是，这样做的代价是，眼看着自己的努力被各种暴力冲突吞噬，被裹挟进独裁者的私利与独裁受害者的反对中。作为民主政治的一个变体，一种能够掌握社会结构的、高能的激进民主终归需要被创造出来。

另一种旨在迎合民主理论与立宪主义的更为精练和可信的虚构，区分国家的日常事务和根本安排与假设的重大变化。人民将普通事务委托给一个政治阶层，其竞争由人民裁断。只有当国家及社会的根本安排面临危机时，人民主权才会觉醒，并直接行动。半睡半醒之时，同意授权和代表。它肯定自己在危险、机遇或危机的激发下醒来时保留的决定性权力。由此，半睡半醒期间的沉默，可以更加可信地被理解为认同沉默的主权者不受干扰。

然而，如果人民不可能影响国家的日常事务，他们也许就更不可能在疾风骤雨之际指引政府或者引导社会结构的任何变革。他们可以不经命令就醒来。这就需要另外一种目前还不存在的民主，以使人民意志能够影响社会结构，同时缩小普通行动与非凡行动之间的距离——前者是我们在习以为常的框架之内采取的行动，后者则是我们在灾难的压力或激情的激发下变革部分社会结构的行动。

法律思想普遍历史上的第三种基本元素是社会的现实结构，也就是另外两种思想元素预设了却没有解释、证立和公开承认的社会构成性安排和假设。

除非法律思想找到处理这第三种元素的道路，否则它就无法践履其宏大使命。可是，处理第三种元素可能意味着什么呢？相较于其理论性而言，这一任务更多是实践性的，那就是，建立事实上能够让我们控制社会结构的制度和实践。

我们先讨论这一元素较次要的理论方面的努力——发展一种

思维方式。我们不知道如何思考结构性变迁或结构性的替代性方案。欧洲古典社会理论的核心洞见——社会结构是我们异化了的创造,我们之所以能够理解它们是因为我们创造了它们——一开始就妥协于虚假必然性的各种幻想。这些幻想在古典社会理论的最高成就卡尔·马克思的历史理论与资本主义理论里留下了印记。

就封闭清单这一幻想而言,历史上存有一套确定的政治、经济和社会组织的选择类型,正如19世纪的法律科学所主张的那样,每一种都有其先定的制度内容。根据各自类型的逻辑由每一个阶级在社会分工中的位置产生的阶级利益及其他利益都有其客观的内容。

就不可分割性这一幻想而言,这些类型中的每一种都是一个不可分割的体系,它的各个部分紧密联系在一起。政治要么是一套体系对另一套体系的革命性替代,要么是对一套体系及其内部矛盾的改良性安排。

就历史法则这一幻想而言,存有高级法则在历史上推动这些不可分割之体系的更迭,然后由低级的法则规制每一套体系的运转。纲领性思维几乎相当于唯意志论。历史及其法则提供了规划方案。

社会科学只是在忘却了社会理论核心洞见的意义上,才拒绝虚假必然性的幻想。它的典型做法是赋予既有结构一种自然性、必然性或优先性表象,有时甚至将既有结构的安排看作经由历史长河这一漏斗过滤、优胜劣汰的结果。它切断了对现实的洞见与想象相邻可能——也就是我们可以从现在这里到达未来那里的半影范围——之间的关键联系。

在这种情况下,思想的首要责任是拯救古典社会理论的原初洞见,让其能够创设和想象社会结构的特性,同时将其从虚假必然性的各种幻想中解放出来,并通过解放使之更加激进。

法律思想不能满足于坐等这一运动的结果。它也不可能是忠实于古典社会理论核心观念的另一种替代观点唯一的充分来源。可是,如果没有法律思想的协助,这种替代观点就不可能建立。它必定既是这种替代观点的合作者,也是其受益人。

只要我们考虑一下社会的构成性制度和意识形态体制两方面的特性——这种替代观点必须能够辨识和阐释它们,法律思想参与发展这种必需的替代观点的理由就清晰可见了。

社会秩序的各种基本安排和假定——社会结构——对该社会世界中实际的、散漫的常规活动发挥着压倒性的影响。这些安排和假定也会抵制变革,接下来我就会讲到这种抵制的形式如何多变。然而,它们决没有构成一种体系;它们并非不可分割。我们既不能将其解释为历史变革法则的产物,也不能将其解释为一个可理解、可辩护之社会生活计划的表达。相反,它们具有权宜之计的属性。只有当我们在制度的细节层面上对它们进行考量时,这一属性才会显现出来。

这些对结构变革的抵制并没有统一的形式。它们以及复现它们的实践既可以被安排来抑制也可以被安排来促进其修正。它们既可以是根深蒂固、自然化的,也可以在表面上对修正保持开放态度。它们还可以设计一套制度安排来强化或削弱此种根深蒂固性。它们变革的动力或多或少依赖于巨大创伤,最典型的例子就

二 当代法律思想的使命

是战争和经济崩溃。

我们最重要的物质和道德利益就在于这一方向性选择。再说一次,制度和实践的具体细节至关重要:重要的不是民主,而是哪种类型的民主;重要的不是市场,而是哪种方式的市场。法律表达的正是这些具体细节。在追求法律思想宏大使命的过程中,这些具体细节及其最终转化的结果,才表达了法律思想的恰切主题。

经由帮助发展一种有关结构和结构变迁的观点,法律思想就可能创造用以履行其宏大使命的概念工具。它也可能用于创造能够影响想象替代性制度方案之观念的工作。它可以一劳永逸地撕破法律思想普遍历史上两种主流法律观的虚假伪装。可是,在化解两种主流法律观之间的那些矛盾、弥补各自的不完善性方面,它就无所作为。那些矛盾的解决、这种不完善性的弥补取决于实践而非理论,即使实践需要理论,况且还没有形成理论。

社会的自我建构提供了法律史难题唯一充分的答案。更具体地说,答案在于社会自我建构中与激进民主背景下的法律多元主义有关的那部分。

法律多元主义认为法律的创造有多种形式和渊源:既可以是组织化的公民社会自下而上地造法,也可以是民主政府自上而下地制定法律。在缺少深度民主的情况下,法律多元主义意味着权力堕落为许多等级特权和压制壁垒,迄今为止出现的一切社会都或多或少带有这种印记。

深度、高能的民主是一种通过了三重考验的民主。它掌控了社会的结构,使之接受有效的挑战和完善;它消除了变革对危机的依赖性;它削弱了死者对生者的统治权力。

一系列制度革新凭借其共同的累积效应,可能通过这一三重考验。一些革新将通过增强组织化的公众参与政治生活的水平,来提升政治的热度。一些革新将通过迅速解决政府各部门间的僵局,来加快政治的步伐。一些革新将有能力把生机勃勃的联邦制或激进的分权与强大的中央集权主张结合起来,创造有关国家未来的相反模式。一些革新将会建立一种国家权力,采取各种既是局部的又是结构性的动议和手段,用以帮助那些处于被压制、被排斥而自身又无力逃脱其不利境地的群体。还有一些革新将以直接民主或参与民主元素来丰富代议制民主,同时又不削弱使个体免于公共压制或私人压制的保障。由上述这些革新构成的高能的民主将能够创造一些条件,在这些条件下,法律多元主义能够表现为一种宽广的权力分散,而不是屈从于不平等社会里这样那样、或大或小的权势。这将是一剂解药,用以应对没有人能选择甚或是理解的结构所强加的宿命。

可是,光有这剂解药还不足够。还需要社会生活其他领域的伙伴。在诸多伙伴当中,市场经济的民主化、人民的教育位列其中且尤为重要。

如果民主在物质生活的各种习惯和限制中得不到尊重,那么民主政治释放的信号就依然是无力的。在发展生产能力的制度要求与从固化的社会分工和等级制中解脱出来的制度条件之间促成一种可行的交叉地带,这一希望取决于我们能否成功地重塑市场制度和民主安排。

这种民主化的标志是多元的,彼此紧密相关。像制度上保守的社会民主所欲求的那样,通过税收转移支付进行溯及既往的补偿性再分配来规制市场或减少其中的不平等,这还不够;还有必要改变市场体制的制度内容。创新友好型民主化市场经济的组织化程度应当便于让我们在努力合作时不至于束手束脚。它应当避免让我们的合作机会服从于任何社会等级分化方案。它不应当固化于自身的单一版本;有关私人财产、社会财产的可选择的替代体制能够在同一个市场经济中共存。它应当既鼓励创新创业活动的热情,又对这种热情各自带来的产品采取严格的竞争性筛选方法,两者应结合起来。它应当为人们提供豁免与权能的安全港湾,最好是让社会生活中的一切都有试验和革新的可能。

每一种经济秩序中都将会有一个急先锋。假如这个先锋是最具生产力的经济部门,那不仅仅是因为它有更多科学所支撑的技术,还因为该部门中的技术分工最富想象力的运作方式——思维方面既非模块化也非公式化,有权力将一切事物重组在一起,通过否弃自身的方法和预设实现了洞见方面的进步,将一切实存都归为相邻可能的半影范围内。我们的经济发展与民主诉求在这里形成了一条深厚的纽带:在最发达的经济中,生产与想象之间的适配性得到最彻底的发展,先锋部门与其他生产部门实现了最为紧密的连接,以至于每一个部门都依次以先锋部门包含的模式进行了改造。在经济增长的最初阶段,生产受制于从当前消费中强制提取剩余的大小;在更发达的经济中,生产变成依赖科学向技术的转化;现在,生产变成了在物质世界各部门的变革中起作用的科学。技术以其本来面目出现,不是作为一套奇技淫巧,而是作为连接我们的合作试验与自然实验之间的桥梁。

当我们迈向这种乐于破旧立新的民主化市场经济,工人和机器之间的关系就改变了。工人不再像机器一样工作。他们的工作方式与机器的工作方式相反,机器完成那些我们已经学会重复的事情,为我们从事那些不可重复的事情节约时间。

只要具有经济依赖性的雇佣劳动还是自由劳动的主导形式,这种变革就不可能发生。雇主对短期收益及控制的风险考量通常会胜过工作中更大的合作潜能。要想更充分地开发利用这种潜能,雇佣劳动需要逐步让位于更高级的、互补的自由劳动形式——自我雇佣及合作。这种转型反过来需要对资本分配方式进行试验,最好是协调好经济行动及机会更大程度的去中心化同规模经济需求之间的关系。由此,在19世纪遗留给我们的一体财产权之外,更广泛地建立起临时性、附条件和分散化的财产权。

然而,如果不能通过改变社会培养具有更高能力(包括抵抗其所处环境的力量)之人的方式来加强市场经济制度形式的试验,那么所有这些试验都将继续失败。为此,学校必须教育年轻人将自己视为未来的发言人,必须意识到每一个孩子都是一个口齿不清的预言家,要让他们有机会体验陌生的经验。这些学校完成上述教育使命的最好教育方式是,采用分析性的方法、精选有深度的信息用以作为获取分析能力的教育机会,构建合作性的而非个人主义或威权主义的社会环境,对公认的知识采用辩证法、从相互冲突的视角引介每一个科目。即便政府最终担保提供最低限度的普遍性民生公共服务,也必须让公民社会作为合作者,竞争性、试验性地参与这些服务的供应。

这些有关深度民主、经济民主化以及人民发展的动议,其聚集

二 当代法律思想的使命

效应赋予了"社会的自我建构"这一观念以实际内容。这种自我建构是法律思想普遍历史的真正目标,也是其谜团的解决之道。它不是法律思想的普遍历史自发、自然地趋向的目标,而是一个我们只有通过政治的、精神的创造才能趋近的目标。

由此,社会的自我建构既不是朝着某种单一、普遍、最终的社会生活形式趋同的结果,也不是其开端。其独特的革新会允许社会基于以下基础而进一步分化——肯定我们创造的差异优先于我们继承下来的差异、预测优先于记忆。可是,这些分化形式的一个共同特性是,确保没有任何一种形式固化到反对再创造、确保所有形式都尊重我们个人、集体的抵抗力量——这是在其他方面很神秘的人权话语的实用主义残留。

民主世界导致的结果并非一种建立在世界通行的制度程式中的单一人性观;而是展现各种人性观——也就是在根本上回答我们是什么、能够成为什么、应当成为什么——之间的一种新冲突的舞台。然而,这些观点中的一些与当代法律思想最独特的发展之间有着最紧密的关系,本节接下来的部分将讨论这一点。这类观点强调我们的身份,超越于我们建立和栖居的一切社会世界和概念世界。

这种有关法律思想普遍历史之目标的观点,从法律是国家意志这种法律观中接受的是,承认社会并没有一个自然的形式,它能够创造自己的秩序。它从中拒绝的是"社会形式只有国家意志一种来源"这一命题。

它从"法律是由法律学说建立和发展的一种固有秩序"这种法律观中接受的是以下这种观念:即便存在国家,法律也不仅仅来源于政府；法律在很大程度上甚至应当在更大程度上，都来源于社会。它从中拒绝的观念是，社会生活有一套内在的道德逻辑、有待法律人去发现和精练。

§3　当代法律的精神

法律的每一个历史时期都有其精神(genius)。该精神就是揭示体现在制度与实践结合中的、人们在每一个社会生活领域中的关系能够或者应当是什么样子的最独特的精神推动力。最独特的推动力并非普遍的或占优的那一个。只要社会自我建构的理想还没有被更充分地实现，我们就将依然受制于我们无从选择的体制，受制于死者、生者或事物的现状、已经或必然为我们所选择的体制。现行有效的法律就依然是许多历史经验层层累积的结果，每一层都叠加在前一层之上。在众多惊人的历史遗迹和新的逆流思潮的包裹下，法律史每一纪元的时代精神可能难以辨识。

19世纪，尤其是在西欧与北美那些创造民主原型的国家，法律的精神在于探索某种理所当然的经济、社会组织类型——也就是一种自由社会的类型——内置的法律内容。这种精神最为清晰地表达于私法的诸范畴与准则当中。为了维护内在于自由社会的先定权利体系，必须防止其受到阶级利益或党派利益的腐蚀影响。

20世纪，在世界上大多数地区，法律的精神开始成为辩证性地重塑法律：一头是个体权利、集体自决与规则间的相互关系，另一头是旨在确保这些权利变成现实而非只是空洞承诺的法律措施。19世纪推崇的权利开始被视为是可废止的：它们的实际享有

二 当代法律思想的使命

依赖于各种实际条件,而这些条件有可能难以被满足。

21世纪,世界上大多数地区的法律精神在于如何解答由我们在法律思想普遍历史所处的位置提出的谜题。我们承认结构化的问题需要结构化的解决方案。可是,我们无法再像19世纪的自由主义者与社会主义者那样,相信社会组织化的最终蓝图。

我们如何能够在不屈从结构教条主义的情况下获得结构的洞见?要想做到这一点,我们不能诉诸中立性幻想,假装现存体制不会在有关"善"的竞争性愿景、各种对立的人性观之间有天平的任何倾斜。要想做到这一点,我们只能创造在很大程度上能允许它们被根据经验进行修正的制度安排。随着我们为了公认的利益和宣称的理想而修正我们的制度与实践,我们也改变了对这些利益与理想的理解。这一努力的回报是,增强了我们参与具体社会世界而不屈从于它的能力,以及以制度习惯换取未经尝试的合作机会的能力。任何固化的社会分工与等级制度都无法在我们行动能力增强的情况下幸存下来。

当代法律的精神在其许多独特的观念中显现出来。我接下来将讨论这些观念中的四种。它们以及那些所有我们可以继续添列的观念,都未能勾勒出社会重建的纲领。不过,它们描绘了我们必需的一部分概念工具和制度工具;如果我们要想实现社会自我建构的目标、要想实现推动这一目标的市场民主化以及深度民主的各种计划,我们就需要这些概念工具和制度工具。它们不仅仅是没有生命的工具,它们代表了本着目标的精神去思考法律和社会的思维方式碎片。

第一对观念与私法的关切、市场的重塑直接相关。第二对——高阶的法律观念——贯穿于一切法律部门和社会生活。所有四种观念即便不是因为我给它们起的名字(涉及后两种),也因这些名字所指涉的法律发展而众所周知。

第一,财产分解观念。一体财产权的组成部分能够被拆分,并且被授予不同类型的权利主体,他们在同一资产上同时享有份额,这一观念普遍存在于法律的历史中。从一种比较史的视角来看,一体财产权与其说是一种规则,毋宁说是一种例外。财产的分解通常有助于组织起社会劳动分工的一种等级形式,例如,欧洲封建主义就是如此。如果其目标是通过容许我们更好地结合准入资格、行动的去中心化同规模经济,从而促进我们的合作机会,那么它就获得了新的意义。如果每个人都能对同一套资产提出暂时性的、有条件的因而也是有限的权利主张,那么更多的人就能参与进来。

一体财产权可能继续盛行于某些经济活动领域,以使坚定的企业家能够按自己的信念自主经营、自担风险。可是,在其他领域,包括随着大规模生产的衰退而出现的那些核心经济领域,在同一资产上设定彼此独立的平行份额至关重要。这样做的直接好处是扩大了我们合作形式的储备量;间接的益处是有助于创造各种条件,以使市场经济自身不再固守一种单一版本。试验主义一定会获益,无论是直接的还是间接的。

第二,关系性合同观念。尽管一体财产权出现的条件倍增,但它依然是典型的财产形式,实际上也是一般权利的典型形式。同样,双边履行承诺依然是合同的标准形式,但不完全的关系性合同一直塑造着大量社会生活,并且可能在未来更深入地影响着社会生活。

关系性合同不是一次性履行完毕的合同,而是一种持续履行的长期合同。该关系比任何一笔交易都重要,关系的存续证明了其生命力。最重要的是,关系性合同只是表达了交易内容的一部分,这与经充分议价的双边履行承诺不同;在双边履行承诺合同中,未能确定重要条款将导致该合同的效力被否定。此外,由于关系性合同是不完全、未经充分限定的,它需要更高水平的信任。

虽然关系性合同被贬斥为不重要的外围,但它一直都是合同关系的主要形式。不过,它在当代先锋生产部门中获得了新的意义。合作性竞争至为重要,高度信任对于支持人际之间、人们的实践与关联之间的流通,尤其是跨越公司边界的流通必不可少,此时关系性合同与分解性财产权必须共同作用,以塑造新型合作实践。当雇佣劳动让位于更高形式的自由劳动——自我雇佣与合作——时,它们必须更是如此。

关系性合同在诸如当今开始出现的生产活动形式下具有核心的重要性,这种生产活动形式已经在规模生产的余波中出现于世界上一切主要的经济体当中。永恒的革新是这种生产活动形式的口号;降低观念与执行之间的反差是其标志之一;随着制造业变成具体化的、承载着观念的服务业,消除制造业与服务业之间泾渭分明的区分,这是其结果和条件之一;将一个生产计划的不同部分指派给许多不同的生产者,这是其典型的实践活动之一;既需要组织联合行动为永恒的创新服务,又不能依赖公司的等级结构,这是它导致的一个问题。关系性合同必定因而成为其欢迎的工具之一。

众所周知,市场经济的繁荣依靠陌生人之间能够相互信任的能力,换句话说,就是一点点信任的普遍化。如果没有信任,市场经济就不可能;如果有高度信任,市场经济就没有必要。双边履行承诺是这一正常交易世界的典型法律表达。合作试验主义这一更高层次的新兴生产形式,需要更高水平的信任。最适合它的合同语言就是关系性合同的语言。

这种生产形式在大多数劳动力仍被排斥在外的、相对独立的先进部门蓬勃发展是一回事;它渗透到经济的主要部分,又是另一回事。只有通过组织化、持续不断地拓宽经济和教育机会,它才能做到这一点。由于一体财产权的分割与重塑,这种拓宽的一个必要条件是,发展出一种替代性的方法,用以分散性地配置围绕资产的权利主张。在这种经济中,关系性合同与分解性财产需要协同作用。我们获得的回报将会是生产力的提升,这种提升将来源于赋予普通男女具有的被浪费了的巨大能量以臂膀、双眼和翅膀。我们的回报还体现在,社会在日常经济生活中拒绝被禁锢于任何固化结构的愿景。在这样的社会里,不管是细微的还是巨大的不断破坏,都是为了自由要承担的部分代价。

然而,与此同时,将生产形式重组为众多生产者之间分散的合同关系网络,这在很大程度上威胁着全世界工人的经济安全。集体谈判规则这一我们用来保护和代表劳工的标准手段以大规模生产——大型企业将大量劳动力聚集为诸多巨大的生产单位——为前提。这一大规模生产现实在19世纪中叶至20世纪中叶达到顶峰,此前几个世纪里生产与商业在很大程度上一直是以分散性的合同关系网络为基础组织起来的,例如,马克思早期在《资本论》中描述的"散工制"。

二 当代法律思想的使命

现在一种新型的散工制在世界各地发展起来,所有人都陷入不安全的风险取代了以前部分人的安全。对于基于这种制度规定的条件而得以保护、组织和代表的劳工而言,必定会有新的法律一开始补充集体谈判规则,然后逐步取而代之。这种法律将有助于确保一些条件,在这些条件下分解性财产和关系性合同能被协同用来设计一种民主化的、彻底试验主义的市场经济。

下一对法律观念的范围更宽广,适用于全部社会生活,而不仅仅是生产和交换领域。它们属于高阶的法律观念,因为它们描述了像分解性财产、关系性合同这类低阶观念在其中能实现其全部效果的更宽广的背景。

第三,结构不断修正的结构观。我们的一切活动都必需一个明确限定的框架,也就是我们能够依靠的各项制度安排和假设。然而,我们已经知道,对整个社会或社会的一部分而言,没有任何一个这种框架对任何事都适合或永远适合。更具一般意义的是,我们在宏观的或具体的政治中都需要结构上的解决方案,但是我们也有理由避免旷日持久的结构修复。解决这些密切关联的谜题,就是设计一种能够自我修正并且不再强制将屈从于结构作为参与结构的代价。

如果这一观念不能在以法律细节表达出来的制度计划中被具体体现,它就仍然还是一种哲学上的抽象,因为它必须变得有意义。这些制度计划中有两种最为重要:一种是民主化的市场经济,它不执着于自身的单一版本、乐于接受绵延不绝的破坏和革新;另一种是深度的、高能的民主,我之前已经简述过,它来源于一套能够通过掌握结构、削弱死者对生者的权力、减小变革对危机的依赖性这一三重考验的制度革新。

第四,**使可塑性成为可能的赋权观念**。结构修正的结构需要超越环境的行动者作为其主角。他必须在自己的圈子里以及自己本身就是无所畏惧、能力超群的。他必须享有某种利益:一种在允许财产所有的民主制度下的社会遗产,比如同期等价的40英亩土地、1头骡子;以及一种最低限度的普遍性民生公共服务保障,这种保障由政府供给,并由于公民社会参与供应而得以加强。无论是在其孩提时代还是一生之中,他必须有机会接受某种形式的教育,以承认和发展其抵抗环境、抵抗时代的预言性权力。他必须是安全的,免受一切形式的私人压制和公共压迫。他必须被赋予所有这些保障措施,以便他能够反抗为他提供保护的人,从而享有更好的机会去参与重塑他发现有其位置的制度安排和假设。这些普遍性的、独立于任何工作或场所、自由便携的保障和手段,是基本权利话语的实际遗留。

我们从短期政治议程中去除一些事项,确保其足够牢固,不受经济与政治生活波动的侵蚀,只是便于我们能够更充分地让一切都向永不停歇的试验保持开放。赋权与豁免都是可塑性的反面,但它们又使可塑性成为可能。个体、群体、民族、人类的人性扭转了结构的局势,上升到了一种更伟大的生活形式。

§4 作为布道者与预言家的法学家

法学家在传统上扮演着两个神职一般的角色。

他们充当了一种集体力量——法律传统或国家——的布道

者。在第一种祭司一样的角色里,他们一直主张从法律史中识别出一种道德或政治意义,而他们的工作就是揭示和发展这种意义。他们祈祷"造物主圣神降临"(veni creator spiritus),只不过不是向一个超然的神祈祷,而是向法律史上的理性之音祈祷,他们打算倾听和美化这种理性之音。在一场看似无止无休的无情战斗当中,他们提供了"为社会安排置入更高目的"这种神圣存在的连续性。布道者这一圣职意味着调和神圣与世俗、精神与其他非精神性现实的特殊权力。

法学家也一直充当着国家的布道者。在这第二种角色里,他们的动力是将政府制定的规则描述为某种愿景的片段。他们敬畏权力和掌权之人。在帝国这一祭坛上主持仪式时,他们以尊重程序、尊重角色责任来正当化这种虔敬。其中一些国家可能比其他国家更值得这种尊重。不过,这种帝国礼仪以及与之关联的态度,在法律史与政治史上一直有着不同寻常的延续性,不管这个政府可能多么专制或多么民主。

这两种神职般角色的前提假设看起来似乎有着难以调和的矛盾。然而,同一个法律人通常同时扮演了两者。为了协调他们的两种角色,他们必须要做出一系列更进一步的主张,这些主张与每一种角色各自的主张一样难以置信。例如,他们必须伪装并宣称从他们所阐述的历史传统中发现的高级秩序在很大程度上已经就在那里,等待出头之日;必须假装这一高级秩序不是他们自己创造出来的人造物;必须继续将国家的立法活动描述为——不是总是,也不是在每一种情况下,而是随着时间的推移——服务于同样的进步发展、同样的精神计划。

戴着这两顶帽子的布道者们甚至可能自己都难以说服自己相信这些信念。就像本书表明的那样，在黑暗时期，他们有时虽失去这些信念，却保持了这些工作。

法律思想不必因永久地重造了这两种迷信而自责。法学家们很简单就可以脱去圣衣，停止扮演神职般的角色。

一旦看到我们的利益和理想被钉在制度与实践的十字架上，他们可能就会断定，他们的两种神职般的角色都没有公正地履行这一受难承诺。他们可能就会开始想，放弃通过历史发言或与权力和掌权者之间的亲密关系这一伪装，才能更好地服务于这一精神。他们可能会得出结论认为，相较于试图通过佯装方案已经就在那里来强制推行某种关于社会及其法律的特定方案，努力通晓民主国家里公众有关我们另一种未来的对话，要更可信、更有价值。他们可能倾向于审判环境里的专业法律解释以下面这种方式进行——既承认归因目的的决定性作用以及立法政治里胜败双方的存在，同时又重视真实的冲突而不是虚构的统一性。

他们不可能不付出任何代价就彻底完成此种转变。在履行其制度想象这一伟大使命时，他们将不能再坚持独一无二的权威或诉诸政府权力。他们将失去其现成的角色及神职般的特权，而他们与公众、政党和社会运动对话的最佳渠道和方式还有待确定。在政府权力的阴影下履行对法律进行权威解释这一具体任务时，他们需要抛弃那些鼓动他们将谦卑的法律解释者角色变成使社会摆脱其政治错误的可能救赎者的观点。

一旦付出这个代价，转身面向他们曾经履行布道者之职的祭坛，他们就将有机会变成预言家而不是布道者。然而，在民主体制下,他们的工作只是在每个人都根据自己的环境以自己的方式工作的意义上才是预言性的。一个能够掌握自身结构的社会,其中的预言性权力能够——而且必须——在普普通通的男男女女之间广泛传播。

预言家从不预言,他只是根据自己的经验在当前某些方面看到的预示设想一个可及的未来。他根据一种更好的相邻可能来审视有缺陷的实际。他提供有关更伟大生活的各种可感知的预期。他不需要乐观主义——一种消极、冥思的态度,因为他拥有希望——指引行动的动力。

法学家成为预言家,但依然是法学家。

下 篇
批判法学运动(1986)

三　导言:法律思想和实践中的左翼运动传统

批判法学运动削弱了法律思想的各种核心观念,并以另一种法律观念取而代之。这种新的核心法律观念暗含了一种社会观、影响着一种政治实践。

我这里提供的与其说是一种描述,不如说是一种提议。不过,这一提议是沿着一场观念运动所开辟的道路之一前进的;该观念运动以堪称典范的方式挑战了广泛施加于理论洞见与变革努力之上的诸种令人迷惑的限制。

批判法学运动的先辈们并不容乐观。它来源于现代法律思想上的进步主义和左翼传统。有两个至关重要的关切标识着这些传统。

第一个关切是对形式主义与客观主义的批判。我所说的形式主义并不是指其通常被描述的那种意思——相信演绎推理或准演绎推理方法能够给出针对特定法律选择问题的确定解决方案。本书语境下的形式主义是对一种法律论证方法的承诺,因此也是对这种方法之可能性的信仰;这种法律论证方法与有关社会生活基本条件的无限争辩形成鲜明对比,而这些争辩从各个层面被称为哲学的、意识形态的或想象的。这些冲突远远不能满足形式主义

80　法律分析主张的、壁垒森严的推理与论证准则。这种形式主义认为非人格化的目的、政策与原则是法律推理必不可少的组成部分。传统意义上的形式主义（追求从无缝的规则体系中进行演绎的方法）只不过是这种形式主义法学中的一种反常的、有限的情形。

第二个独特的形式主义命题是，只有通过克制的、相对非政治化的分析方法，法律学说才成为可能。法律学说或法律分析是一种概念实践，它结合了如下两个特征：一是愿意以某一给定集体传统在制度上受到限定的质料为工作对象；二是主张在这一传统内权威性地发言，以至少最终旨在影响政府权力运用的方式从内部阐释该传统。根据这种形式主义观点，学说之所以存在，是由于法律分析更确定的理性与意识形态之争不那么确定的理性之间存在明显差异。

这一命题可以被重新表述为相信法律的制定——只受到适于意识形态之争的各种松散的、更不确定的论证引导，根本不同于法律的适用。在如何运作、其结果如何恰切地得以证立这两个方面，立法与法律适用都是有差别的。诚然，法律适用可能也具有一种重要的创造性元素。然而，与法律分析中的相应特点相比，在立法政治中，诉诸原则与政策——当它确实存在时——被认为其基础更具争议，其意义也更不确定。据称其他的正当化实践弥补了理想要素在立法中被削弱了的力量和精确性。由此，立法决定之所以作为自身合法的程序之结果而被赋予效力，是由于这些程序允许一切利益群体都能被代表，都能为影响力而竞争；抑或更大胆地说，是由于这些程序使得公民意志在选择将要约束他们的法律时得到了平等考虑。

客观主义相信法规、判例、公认的法律观念体系等权威法律质料体现、维持着一个可辩护的人类联合计划。这些法律质料展现了(尽管总是不尽完美)一种可理解的道德秩序。又或者，它们是施加于社会生活之上的各种实际约束的结果。这些约束，例如对经济效率的约束，连同持续不断的各种人之欲求一起，具有一种规范性的力量。法律不仅仅是偶然性的权力斗争或缺乏正当权威之实际压力的结果。

现代法律人可能希望在保留其形式主义的同时，避免其客观主义假设。他们可能乐于从讨论立法语境里的利益集团政治，转向在裁判或专业语境内援引非人格化的目的、政策与原则。他们彻头彻尾地搞错了：形式主义至少预设了一种有限的客观主义。因为，除最机械化的版本以外，如果形式主义必须依赖的非人格化的目的、政策与原则，无法像客观主义假设的那样来源于由法律质料自身展现出来(虽然不完全且模糊不清)的一种道德或实际秩序，那么它们又能从何而来呢？

它们不得不由某些外在于法律的规范性理论来提供。即便此种理论能够令人信服地在其自身的基础上建立起来，如果它的潜在含义与现在大多数对法律公认的学理理解相吻合的话，那它可能是不可思议的。至少如果你已经不承认客观主义真理的话，它可能是不可思议的。

如果这一陌生的规范性理论的结果不符合大部分公认的法律理解，你就需要将现有法律的大多数领域及其法律学说都拒斥为是错误的。这样，你就难以维持观念学说与政治预言之间的对照，而这种对照代表了形式主义信条的一个精髓部分，你就可能变成一个随意批评既有制度安排和公认观念的践行者。难怪致力于形式主义与传统教义观的理论家们总是试图努力保留一点客观主义命题的残余。他们为此甚至不惜以牺牲自身在正统却思维狭隘的法律人中的名誉为巨大代价,不然,这些法律人本可能为他们提供主要支持。

摆脱客观主义的另一种较为大胆的方式可能是,取消潜隐于客观主义观念之中的各种不抱幻想的利益集团政治观点的例外。这一取消需要将在立法语境中被允许的那些有关利益集团的无耻言论转移到对权利的解释当中。由此,如果一个特定的法令代表着牧羊人对牧牛人的胜利,那么,它可能从战略上被用来增进牧羊人的目的、确认牧牛人的失败。针对"很难衡量某一法令背后的各方力量对比关系"这一反对看法,可能的回答是,这并不比辨认、权衡在立法政治中并无可靠立足点的目的、政策和原则更难。然而,这一"解决之道"只有通过贬斥教义与形式主义才可能避免客观主义。法律推理将变成立法角逐话语中策略性因素的简单延展。对合法性理念如此重要的权利保障,也会沦为具体情境下的后果计算。

如果说有关形式主义与客观主义的批判是现代法律思想上进步主义与左翼运动的第一个典型主题,那其第二个主题就是,完全工具性地运用法律实践与法律学说去实现左翼目标。持怀疑态度的批判与策略上的好斗之间的关联似乎既消极又零星。它之所以是消极的,是由于它几乎还完全局限于主张,法律的本质或法律思想的概念结构里——无论是客观主义还是形式主义的假设——没有任何东西需要站在实现进步主义目标的对立面,成为其障碍。

它之所以是零星的,是由于左翼的短期目标只是偶尔会通过将政治承诺转化为虚幻的概念必需品来实现。

这些主题现在已经得以重新表达,同时也被纳入了更巨大的观念体系当中。其结果是提供了有关法律内外的权利与权力斗争的新洞见。它们重新定义了激进主义的含义。

四　法律思想批判

我们已经将公认的对形式主义与客观主义的批判变成了两套被证明有着惊人联系、更为确切的主张。这两组批判性的观念表达了有关法律及法律学说本质的法学课程的真正精髓——用来教授什么,而不是法学教授们说它教授什么。牢记这一精髓,会史无前例地将对形式主义与客观主义观念的批判推向极致。然而,正是这种极致主义使得从批判中汲取建设性方案的一些元素成为可能。

§1　对客观主义的批判

在提炼针对客观主义的批判时,我们一直将当代法律和法律学说重新解释为以更高级的形式来消解19世纪法律人的古典计划。由于初始计划及其逐步瓦解的标志依然被误解,这种消解还不彻底、不具有决定性。19世纪的法学家们忙于寻找民主与市场内在的法律结构。而美利坚民族,在其历史上的"吕库

四 法律思想批判

古立宪时刻"[1](Lycurgan moment),抉择了一种特别的社会形态:对民主共和以及作为共和必要组成部分的市场体系的承诺。

人们也可以选择其他社会组织类型。当他们选择某种类型时,比如选择基于古代欧洲模式的贵族社团主义政体,他们也选择了与之相应的、由法律限定的制度结构。这一结构为法律科学提供了主题,产生了法律论证可以正当诉诸的目的、政策与原则。

有两个观念在这一事业中发挥了核心作用。基本政治与包括普通立法在内的日常政治之间的区分,前者负责选择社会类型,后者在根本时刻确立的框架内运行。二是每一种社会组织类型都对应了一种内在于这种类型的独特法律体制。

许多人可能倾向于认为,"每种社会类型都有其固有的制度结构"这一社会类型逻辑的观念难以置信、不值得批判。然而,应当牢记,同样的观念以不那么清楚和连贯的形式,继续支配着意识形态争论的各种术语,继续影响着除最严谨的微观经济学及社会科学形式以外的所有领域。例如,很显然,我们必须在市场经济和计划经济之间做出选择,或者至多将这两种泾渭分明的制度选择融合为一种"混合经济"。多元的经济主体在市场体系中根据自己的

---

[1] "吕库古立宪时刻",比喻美国建国的历史时刻。根据普鲁塔克的《希腊罗马名人传》,吕库古(Lycurgus)大约生于公元前825年,是斯巴达人的老师和立法者,因将斯巴达打造成古代世界最令人畏惧的军事强国之一而被人们铭记。他制定了一系列强硬的改革措施,其中最著名的是创建被称作"agoge"的教育体系,旨在通过这项严格的多年培训计划,将斯巴达男孩塑造成无所畏惧的战士。据说他感到自己年事已高,决定离开斯巴达前往德尔菲神庙,临行前跟国民立下誓约,在他回来之前不能改变他的法律。德尔菲神谕显示他为斯巴达制定的法律非常有效,于是他绝食自尽,以使斯巴达人永不更改其法律。参见普鲁塔克:《希腊罗马名人传》,陆永庭、吴彭鹏译,商务印书馆1990年版。——译者

行动为了自己利益而讨价还价,这一抽象观念多多少少心照不宣地等同于在西方历史上胜出的特定市场制度。此外,放弃客观主义命题可能会使形式主义及其想要捍卫的各种教义失去根基,我的论证很快就会讨论这一点。我们对客观主义所做的批判挑战了"社会组织类型具有内置法律结构"这一观念,也挑战了这一观念在当代的继任观念,这些继任观念在当前通行的实体法观念和学说当中,虽然更为隐蔽,却依然强劲有力。我们已经在不止一个方面发起了这样的攻击。

在发现一种有关民主与市场的普遍法律语言方面的连续失败表明,并不存在这种语言。越来越多的教义分析和法律理论一直致力于遏制这一发现的颠覆性意义。

合同与财产的一般理论提供了客观主义者揭示市场内置法律内容之尝试的核心领域,正如受保护的宪法利益理论及政府行为正当目的理论被用来揭示一个民主共和国固有的法律结构。然而,执行情况总是与这一意图不相符。由于财产的概念越来越普遍、抽象,它渐渐融入"权利"这一属概念当中。权利概念转而也被证明即便不完全是空洞的,也具有系统性的模糊性(霍菲尔德[1]的洞见)。

作为财产的动态对应,合同也并没有表现得更好。合同理论

---

[1] 为厘清"权利"概念的确切内涵,霍菲尔德将混乱的权利概念纳入"相关"与"相反"关系的图谱。"相关"关系是针对同一客体,同一法律关系中主体各自对应的法律地位,权利相对义务。"相反"关系则是针对同一客体,同一法律关系中同一主体能享有一种法律地位,有以下四对相反关系:权利与义务、特权与无权利、权力与责任、豁免与无权力。参见韦斯利·霍菲尔德:《司法推理中应用的基本法律概念》,张书友译,商务印书馆2022年版。——译者

的一般化不仅揭示了自由选择交易对象和交易内容的支配性原则,也揭示了与之相反的原则:不允许契约自由破坏社会生活公共方面的根基,也不允许强制执行显失公平的交易。尽管这些相反的原则可能被挤在角落里,但是它们既没有被彻底排除于也没有臣服于某套元原则体系,该元原则体系可能一劳永逸地确定其与支配性原则的关系。

在合同法最具争议的领域,两种不同的义务来源观相互碰撞。一种观点认为,充分表达国家意志的法令以及国家单方面强制施加的义务,是义务的全部两种来源,这些相反的原则只是对支配性原则的临时限定。另一种观点认为,这些相反的原则是整个法律体系及其学说潜在的生成性规范,义务的标准来源在一定程度上只在于经过慎思的相互依赖纽带,上述两种传统的义务来源只是极端的、有限的情形。这两种相互敌对的观念中的哪一种才是真正的合同理论呢?哪一种描述了内在于市场本质的制度结构呢?

宪法和宪法理论在整个19世纪末、20世纪的发展讲述了一个通过一般化发现不确定性的类似故事。这一发现与其私法上的类似情况直接相关。受保护的宪法利益学说及政府行为正当目的学说,是界定有序自由计划之内在法律制度结构的主要手段。如果不用一种真正的共和政治绝不会容忍的方式,把全国政府与组织化的利益集团之间的一套特殊交易固定下来,那么这些学说就不可能形式连贯、意义精确。正当目的和受保护的利益释放出了太多相互冲突的含义;与合同、财产理论一样,它们到头来只不过是对基于完全不同的理由而不得不做出的结论进行某种回溯性注解罢了。

对这种更加具体的客观主义的批判,也可以经由解释当代的法律及其学说得以发展。当前公法与私法的内容都未能呈现出一个单一的、确定的民主与市场版本。恰恰相反,它以混乱、不成熟的形式包容了不同版本的基本要素。这些体现在当代法律学说细微差别中的小规模改变,暗含着更大的可能改变。

上文从法律史和法律学说两个角度批判客观主义的聚合结果是,一劳永逸地揭示了"一套社会类型有其内置的制度内容"这一观念不可信。最终正是将这一观念转为技术性法律细节的尝试展示了其虚假性。由此,一群本无颠覆意图的法学家们帮助发展出了诸多具有颠覆性的洞见——民主与市场的概念具有制度上的不确定性。想到布道者有时也能胜过预言家,那些在圣殿里执事的人们可能高兴不已。

§2 对形式主义的批判

我们以同样独特的方式来展开对形式主义的批判。我们论证的起点是如下这种观念,即每一种学说必须或明或暗地依靠其处理的社会生活领域中正当而现实的诸多人类联合形式中的某种图景。例如,一位宪法学家无论如何都需要一种民主共和理论,用以描述国家与社会之间的恰切关系、社会组织的本质特点以及政府必须保护的个体权利。

如果没有这样的指导图景,法律推理注定会沦为一种简单类比的游戏。回顾过去,总是可能找到一种或多或少令人信服的办法,使一系列可区分或不可区分的事情看起来是可信的。一个常见的经历就可验证这种可能性：面对太有效或太容易就能论证太多相互冲突的解决方案，每一个慎思的法科学生或法律人都会隐隐不安。因为如果一切都能得以辩护，那么就什么都无法得到辩护；必须停止这种类比的兜售。通过诉诸所讨论的法律领域及其调整的社会生活领域背景性规范理论，拒绝某些被认为错了的公认理解及决定，这必定是可能的。

假如你能基于有限的制度合理性基础，决定一种学说实践通常可以将多少法律拒斥为错误的，那这就是可能的。如果拒绝的太少，法律人就无法避免无尽类比这一可疑特性；如果拒绝的太多，他又会丧失其与意识形态、哲学或预言相反的学理主张。然而，对任何特定的修改权力层次而言，都可以选择否弃宽广法律领域里公认理解的哪一部分。

要想决定你应当拒绝有关法律规则含义及其适用之既有观念的哪一部分，你需要一个相关社会实践领域的背景性规范理论，该理论相较于所讨论法律部门的意义，有如共和学说或政治过程学说对于宪法性论证的意义。这就是麻烦开始的地方。无论这一背景性理论的内容是什么，如果得以严肃对待并实现其最终结论的话，它都不可能与广泛的公认理解相兼容。

可是，这种兼容性似乎正是自己限定为与开放的意识形态相对立的学说实践所必需的。因为，如果一个融贯的、充分阐发的规范理论的结果与任何延展的法律部门的大部分相一致，这将会很奇怪。立法所涉及的、无数各怀鬼胎的思维与意志为之斗争的许多利益及愿景冲突，必定承载着某种固有的道德理性，其信息可以通过单一的内聚性理论得以表达。事实上，主流法律理论所从事的就是对现实进行大胆的、难以置信的神圣化。正统法律人的通常观念也未加反思地预设了这一点。通常而言,这种神圣化采取的形式是,将法律秩序看作一个贮存了诸多可理解的目的、政策和原则的仓库,与标准的、祛魅的立法政治观形成鲜明对比。

上述这种针对形式主义的主张可能基于以下理由而受到批评——类比游戏与诉诸背后的正当观念之间的所谓对立是站不住脚的;因此,这种批评会主张说,类比从一开始就受到了正当观念的引导。但是,如果类比受到正当观念的引导,那就需要在法律的内容与一套融贯的正当理论之教导间预先建立起奇迹般的和谐。或者,也许还会有人反对说,在法律里,这种背景性观点受益于制度背景诸多限制引入的一种自我限制的原则。

然而,这样一个原则要么必定依赖于一种多多少少默示的、有关制度角色之正当限制的专业共识,要么必定依赖于一种明示的、正当的制度角色理论。即便这种共识能够主张权威,它也根本不存在。就像美国司法"能动主义"与司法"自我克制"之争以及一切法律传统(神圣的或世俗的)的历史所表明的那样,修改权力——也就是宣称某些公认的法律观念失当——的恰切范围还是一个极具争议的法律话题。只有在有关政治与权利的一种实质理论中,一种明确的制度角色理论才有意义,才能得到支持。我们因此又回到了一开始的那种难以置信——任何此种理论与主要法律部门实际内容间广泛的一致性。

意识到学说存在的这一问题后,法律分析试图以多种方式克服它。例如,它提出整个法律领域就是研究法律的底层基础理论进路的表达。根据这种观点,这些潜在的固有模式符合一个融贯的计划,至少指向了一个综合计划。如此一来,调和以下二者似乎就是可能的:一方面承认法律解释必须诉诸一种有关正当及社会实践的理论,另一方面承认无法证明任何给定领域的法律与学说的实际内容在大部分法律领域同某种特定理论相符。可是这种克服问题的方式只是将问题推向了另一个层面。事实上,并没有一个宽广的法律体系与这样一个高阶计划相吻合,就像也没有广泛的历史经验与一种声称提供了一门历史科学的进化观的隐含之意相吻合一样。(这一比较不仅只是一种微弱的相似性,我后文还将回到这一点。)总是可能在法律中找到不相一致的线索,这些线索有关这些模式的适用范围实际上有关这些模式本身的身份。

一旦法律人放弃了这些补救、抑制的办法,他就会回到一种更加粗鄙、更加玩世不恭的手段。他简单粗暴地对其背景性观念以及有关正当和社会实践的理论进行无休无止的临时调整。理论上的松动以及由此产生的区分权宜之计与理论上必需的难题,让这种逃避成为最容易的办法。

这就产生了现代法学家的典型形象:既希望也必须要结合理论精细化的品质(看穿一切的现代主义姿态)与技术工匠的角色和影响力(其结论依然接近专业的与社会的主流共识)。由于决心不错过任何东西,他不得不选择同时成为局外人和局内人。为了实现这一目标,他决心牺牲其思想的冲力。无论我们在哪里遇见他,我们都痛斥他,而且我们发现他无处不在。

对于上述针对形式主义及其证立的学说实践之批评,还有另外一种反对意见。根据这种反对意见,上述批判只对最具野心的学院派法学家们的系统建构才有效;对从事实务的法律人、法官们问题导向的具体论证则无效。然而,除非这些论证能够被当作有关宽广法律体系之融贯观点的试探性片段,否则,就很难看到它们是如何有效的,实际上,很难将它们区别于修辞。

我们批判形式主义的潜在意义在于,挫败了通过上述这几种策略拯救学说的努力。它表明,寄希望于不同于法律推理的意识形态、哲学或政治预言的学说实践,最终只是一堆权宜之计的辩解。

§3 批判客观主义与批判形式主义的关联性:二者对当代法律理论的意义

一旦批评客观主义与形式主义的主张以这些具体的方式表达出来,它们相互之间的关系就变得异常清晰。只要19世纪法学家的计划仍然可信,学说的问题就不会出现。客观主义所要求和承诺的奇迹——实体法的大部分内容、学说同一种能够系统表达、无尽应用的融贯理论相吻合——就会发生。

唯一能够实现这一奇迹的理论应当有如下述:描述了国家在其根本性时刻所承诺的社会类型及政府组织内在的概念结构与制度结构。这种理论应当不需要从外部输入,也不应当只是某人偏爱的体系,它应当将日常政治、经济活动永恒的结构转化为各种法律范畴。一旦构成"揭示某种社会组织类型固有内容"这一主张之基础的客观主义计划不再可信,其公认的学说形式就注定会自我颠覆,正如我们对形式主义的批判已经阐明的那样。由于这一计划的本质及其缺陷是逐渐显现的,学说的永恒失调也是如此。

四 法律思想批判

上述有关客观主义与形式主义之缺陷以及这两套观念、两种批评之间紧密联系的看法,说明了我们对待当今美国各种最具影响力和代表性的法律理论——法与经济学派、权利与原则学派——的态度。这些理论都是由处于最高权力边缘的一群人提出来的,他们对经由政府行为实现其目标感到绝望,转而诉诸某种概念机制,该概念机制旨在展示推进其计划具有实践上或道德上的必然性。法与经济学派主要关注私法,权利与原则学派对公法的关切远远超过私法。法与经济学派讨论了一些据说构成法律体系及其历史之基础、具有规范意义的实践条件,权利与原则学派则揭示了据说置于法律秩序自身之内的道德律令。法与经济学派主要致力于政治权利,权利与原则学派则以自由为中心。两种理论倾向都可以最佳地理解为试图恢复客观主义和形式主义的立场,它们都是我们已经拒绝了的客观主义与形式主义的重述。

法与经济学派的主要工具是模糊不清地运用市场概念。其分析者们放任如下这个错误:微观经济学渐增的形式化,主要是为了避免混同抽象的市场观念或最大化选择的抽象环境同具体的社会制度体制。其结果是,一种分析工具被误认为是一种具体的经验或规范愿景,而严格说来,这种分析方法旨在摆脱社会运行的诸多限制性假设,同时附属于一套需要独立证立的经验理论或规范理论。更具体地说,抽象的市场观念被等同于一种具体的市场版本,这种版本随着其一切现实的或想象的相应社会假设,已经盛行于现代历史上的大多数西方国家。该市场版本被当作效率配置的指定工具,消除其不完善的地方是赋能经济增长的最佳路径。凭借这些诡辩术,法与经济学派佯称既发现了社会秩序全面演进的现实基础,也发现了在偶尔偏离其所宣称的使命时对其进行批评的相关标准。从这一渊源中,理所当然地导出了在法律推理中实际发挥、应当发挥至关重要作用的目的与政策。

权利与原则学派通过其他方式得出了类似的结果。它主张在不同法律部门的主导性观念中觉察到了一种潜在规范秩序的迹象,尤其是当这些观念由严谨、仁慈且准备充分的专业精英阐释时。一旦这种秩序在法律中显现出来,它就能够作为自然权利体系的基础。此时,指引法律演进主线、向其众多细微偏差提出批评的指南针,是一套极端简化的政治和道德观念,这套观念据称体现在权威的法律质料之中,易于以政策和原则的语汇加以描述。

该学派不能再诉诸一种社会组织类型内置的制度结构这一观念,它在下述两种选择间摇摆不定,它发现这两种选择都难以被接受为法律理论的基础:一种选择是,道德共识(只要它能被实际识别出来)之所以具有分量,只是因为它存在;另一种选择是,主导性的法律原则可看作表达了一种超验道德秩序,这种秩序的内容完全可以撇开某一具体法律体系的内容及历史而得以确定。

权利与原则学派抓住的第三种折中立场认为对公认原则的共识在一定程度上标志着一种不仅以共识为某种神秘基础的道德秩序,这一折中立场需要几个相互联系的智识戏法。第一,尽可能大幅降低法律已经纳入的有关人类联合可欲形式之冲突的程度。第二,将主导性的法律观念描绘为表达了高级的规范性洞见,该洞见受到忠诚于既定制度角色诸多准则的适当控制和矫正,而这种忠诚本身必定由道德秩序规定。第三,利用一种具体的方法去揭示该秩序的内容及其隐含之意:先是对具体的学说、直觉进行归纳概括,然后将该概括假定为实存的道德真理,最后运用这一假定的道德实存去证立、纠正初始质料。这一鬼把戏的目的要比其用来实现目的的手段更加清晰。其结果是,生成了一套恰好与法律的实际内容相重叠的权利与原则体系。这套体系具有适当程度的修正主义力量,其程度刚好是证明你既非一个竭尽全力却没有效果的护教者又非一个不可靠的革命者所必需的。

法与经济、权利与原则学派提供了19世纪法律科学事业的一种淡化版本。19世纪古典法学家的努力反过来代表了现代社会理论兴起之前诸多更为常见和保守的社会学说的某种稀释版本。这类社会学说佯称发现了社会生活及人性的经典形式,这种经典形式虽然可能被腐蚀或重生,但永远都不会从根本上被重新改造或重新构想。

在这些观念史的每一个后续阶段,社会的自然形式这一原初观念越来越弱:各种范畴越来越抽象、越来越不确定,拥护者们也越来越尖锐地意识到自身主张的争议性。自我意识毒害了他们的声辩。目睹现代法律思想史最近的转变之后,没有人会因为满怀希望地回想起诺瓦利斯[1]的名言而受到责备:"当我们梦见自己在做梦时,我们就快醒了。"

这段历史的大部分都是通过接受某些要点同时越来越少保留其原初观点,来努力引开形式主义与客观主义受到的批判。20世纪美国法律思想中最引人瞩目的例子是发展出法律过程理论、制

---

[1] 诺瓦利斯(Novalis,1772—1801),德国浪漫主义诗人,著有《夜颂》等。因作品中经常用蓝花作为浪漫主义象征,故被誉为"蓝花诗人"。——译者

度角色理论及目的性法律推理理论,以回应法律现实主义。这些无休止的承认和回避,其最可信的托词是担心对客观主义与形式主义的批评一旦推至极致,可能会解构一切;结果可能会破坏法律学说的任何实践,更甚者,会破坏一般意义上的规范性论证实践。

由此,各种左右摇摆、似是而非的折中一直容易被误认为理论上的洞见。对我们许多人而言,当我们甘冒混乱、瘫痪和边缘化之险,全力追击之时,转折点就出现了。当我们不屈不挠地推动这些否定性的观念达致其最终结论,我们将得到以下回报——见证这些观念变成一项建设性方案的起点。

五 从批判到建构

§1 批判形式主义的建设性成果：反叛正统的"异端"学说

对公认学说形式的辩护通常基于一种隐含的两难：要么接受专断风格为学说的真正形式，断然拒绝对社会生活基本条件的争论；要么发现自己陷入有关政治愿景毫无结果的争议当中。这一两难困境只是许多一般性选择难题的概念对应物之一：要么让自己屈从于有关社会秩序的某种既有观点，要么面对"所有人对所有人的战争"。我们对形式主义的批判，其隐含之意就在于，将学说的这一两难困境颠倒过来。也就是说，如果任何类同于现在的法律人称之为学说的概念实践能够被证立，那么正当的学说活动的类别必定得以大幅扩展。

我们无须在要么拒绝学说，要么在既有法律体系化、理念化魔咒下践行学说这两者间做出选择。现有法律代表着一种虽有缺陷、不完善却无限趋近于一个可理解、可辩护之社会生活计划的近似物，这种观点一直是过去几个世纪教义学方法的核心特征。它也是当今以政策和原则为基础的法律进路的特征，正如它差不多也标识着认为特定类型的社会经济组织有其先定的制度形式及法律内容这种更早的观念。

然而,它并非一直在法律思想史上盛行。过去也有其他人打破了这个魔咒,但是他们更多是在现实主义以及不相信的推动下而非在变革承诺的推动下打破的。我们现在能够为了一种变革愿景更加决然地打破这一魔咒。我们能够重塑学说的诸多方法及其假设。

此种对学说实践的修正与传统的学说形式一样,愿意以现有的权威性质料作为出发点,主张规范性的权威。可是,它将避免武断地将简单类比与删减性的理论化并列,而这是当下最具抱负、最连贯的那些法律分析所具有的特点。

有人可能会奇怪,为什么社会重建的支持者应当对从根本上保留学说感兴趣。为一种恰当延展的学说实践辩护,利害攸关的是规范性、纲领性论证的有效性;至少在该论证采取源于传统内部的标准形式而非诉诸超验洞见的超凡形式时,当如此。只要各种必然论的历史变迁理论(认为各种社会制度的内容及次序反映了某种不可逃脱的经济上或心理上的必然性)还具有说服力,各种有关社会应当如何被变革的观点似乎就是误导的、多余的。这些理论的瓦解——已然成为近来社会思想的主要特征——为规范性、纲领性观念创造了机会,同时也让这些观念失去了一种政治现实主义的标准。

延展的或反叛正统的"异端"学说,这一我们批判法学运动已经开始发展的法律写作类型,可以由几个相关的特征加以界定。在第一种描述中,它的核心特点是试图跨越经验与规范的边界:这一边界区隔了源自经验性社会理论的学说与源自有关社会恰当组

五 从批判到建构

织形式之论证——也就是源自意识形态冲突——的学说。延展的学说跨越了规范的边界,它利用的方法与批判、证立和发现的松散形式没有本质上的区别,这些松散形式标示着关于社会制度安排的意识形态争议。

反叛正统的"异端"学说以两种不同的方式跨越了经验的边界。第一种方式既常见又直截了当:考察因果关系,当法律人主张根据归因目的来解释规则与先例时,他们只是教条式地假设而非明确地调查这种因果关系。对规则的特定解释通常分为如下两步来证明:解释者首先将一个目的归因于规则,比如促进家庭团结;然后决定哪一种对规则的合理理解最适合实现这一目的。然而,非常典型的是,他并没有严肃地努力去支持或修正在这一过程第二阶段中被认为理所当然的诸多因果假设。鉴于我们通常的历史理解赋予非意图行动后果以及因果关系矛盾性质的关键作用,法律分析的因果教条主义就尤为值得关注。考虑经验元素的另一种方式更微妙也更成体系:它打开了例如契约自由、政治平等等各种抽象理念或范畴,与理应例证它们的、受到法律规制的社会实践之间的僵化关系。它的目的是表明,作为一种社会、历史事实,此种抽象可以接受——而且几乎无一例外地接受——可供选择的替代性制度体现。每一个这样的制度体现都赋予了那些观念一个不同的脚本。

第二种解释角度认为,反叛正统的"异端"学说的决定性特征是拒绝将法律视为一种理念化的体系。法律推理的一贯进路总是在尽力淡化和减少法律中的冲突和异常。在这些进路中,将法律描述为一个因贯穿了政策与原则而趋于连贯的体系,是最近才出现的。将法律神秘化为一种理念化的体系,有助于法学家们攫取在民主国家损害民主的权力。我们被承认的利益或宣称的理想,与理应表达它们的制度或实践之间存在张力,将法律神秘化为一种理念化的体系有助于控制、约束这种张力,而非探索、激发它。可是,不愿意以这种理念化、体系化的视角看待法律,却一直被错误地驳斥为与法律人尤其是法官充分利用法律这一实践责任不相容。

将法律的每一个部分视为各种支配性的或反常的解决方案的一个结构、调动冲突为变革服务,这一倾向导致了一种对学说的不同理解。本书随后将举例说明,其中一种阐发此种理解的方式是,追踪每一个法律领域内一对辩证的原则及其相反原则,在此种不协调中辨识出不同社会生活之规定性观念间广泛竞争的蛛丝马迹。在这一过程中,我们主要关心的是社会的未来以及当前的法律现实,而非法院、判例和法官。

然而,与体系化的法律理念化之决裂,并不需要给裁判者们的工作造成任何困扰。当含义有争议时,他们还是不得不通过特定语境中的目的归因发现其含义。当目的有争议时,他们还是必须接受我们的道德、政治论证虽然受到独特限制,但依然继续存在于我们的法律论证当中。可是,他们将不再能佯装在一个潜隐(尽管既不完善也不完整)于既有法律之中的理念化体系中找到了指导。他们将此交由自己及其同胞来决定。

第三种有关延展的学说的描述以前两种为前提,并且明确了它们的共同之处。这种修正后的学说类型致力于将各种争论整合进标准的教义学论证当中,这些争论涉及正当可行的社会结构、不同社会活动领域中人们之间的关系应当如何等。在当今富裕的北大西洋国家，人们如何能够共同生活的想象愿景，诉诸一个有关国家与公民的特定民主理想，一幅有关家庭、友谊等领域的私人共同体图景，一种日常工作、交换中合同与非人格化技术等级的混合。

这种社会愿景有助于让整个法律体系看上去易于理解，甚至更加正当。尤其是，它有助于解决法律中以其他方式难以修正的不确定性。正如规则、判例的模糊性需要求助于归因目的或隐含的政策、原则，这些政策、原则的模糊性也只有诉诸上文所描述的那种背景性的联合计划才能得以避免。法律中相互冲突的倾向还不断暗示了可供选择的社会生活替代模式。有关法律学说的主要争议一再有升级为有关社会生活秩序之斗争的危险。

法律学说的主导性模式通常包含了上述所有三个层面的分析：权威性的规则和先例，理想的目的、政策和原则，以及发生于社会实践不同领域中可能、可欲的人类联合观念。每一套这样的观念都以一种特定的社会形式取代了人类联合的无限可能性。识别某一套观念，就是去看充斥着权力的各种质料，在多大程度上易于通过简单的论证操控获得权威性、必然性、确定性的外表，从而看形式主义、客观主义在多大程度上是合理的。它是在阐明非人格化的目的、政策和原则在其中有意义、主张权威的精神世界。

依靠一种有关正当、必然之社会生活秩序的某种世俗的或神圣的愿景，过去的大多数法律传统都将法律论证的上述最后这种层次包含了进来。然而，现在法律学说发挥作用的社会背景，已经是不得不越来越向变革性的冲突保持开放的社会；在它所处的文化背景中,社会以一种前所未有的程度被理解为是被创造和想象的,而不只是被给定的。纳入法律分析的最后一个层次,在这一新的环境下,可能就是将法律学说转换为继续围绕正当的、可能的社会生活形式争辩的竞技场。

法学家及其信奉的哲学家们普遍希望避免这一结果。为了避免这一结果,他们不惜以严厉、武断的智识限制为代价,这种限制的最终结果是将法律学说变成了一套无休无止的论证把戏。批判法学运动通过建设性地尝试设计一种更少受限的法律分析类型,一直坚持避免这种回避态度。

法律学说这一延展版本所期望的合理性,无非就是在道德与政治争议日常模式中给出理由的实践。首先,你从自己社会世界或法律传统中各种有关可及的社会生活理念与它们在当前社会中有缺陷的表达之间的冲突开始。然后你设想只要把一种理想延展至它之前被排除在外的某些社会生活领域,这些表达就改变了,或者你就事实上改变了它们。最后,你根据它们新的实践体现来修正有关理想的各种观念。

我们可以将这一过程称为"内部演进"。你只需做出两个关键性假设就能自反性地参与其中:一是,在任何社会领域中,人们能够如何、应当如何处理彼此间的关系,没有任何一幅有关于此的图景具有最终的权威性;二是,抽象的理念及其制度实现的相互矫正代表着规范性争议之标准形式最后的希望。这种方法的弱点在于,它依靠某种特定传统提供的出发点;其力量在于,能够极为丰富地参考总体观念史与制度史。得以恰切理解和实践的法律学说,就是通过法律质料进行内部论证行动。

五 从批判到建构

如若将内部演进这一方法与规范性思想主要诉诸的另一个思想——关于重组社会世界的想象观点——相比较,其独特性就现出来了。这一想象提出了一种有关集体生活的全新计划,该计划以一种可靠的变革理论为支持,受到一种人格形象的启发,以努力拓展人际交往的机会为指导。内部论证开始于探索支配性理念与既有制度安排之间或者这些理念本身彼此之间的冲突,然后逐步以更激烈的方式推动对社会的重新构想;而想象的观点则以一幅重组人类社会的图景为开端。

政治预言家之所以能够被理解并产生说服力,只是因为其提出的各种有关世界的原则可能被认为已经在个人经历及社会实践的异常情况中发挥了作用。普通的论证模式与想象的论证模式之间并没有泾渭分明的对比,只有一个逐渐升级的连续统。二者相似性最有力的证据是,都依靠同样的优先方法:二者都抓住了通行经验里的各种偏差,设想或实际将它们转化为组织化的概念或实践。二者性质上的相似性是这种方法相似性的基础。由于缺乏主张权威的启示或特许直觉的机会,每一种规范性论证在更宽泛的意义上必定都是内在的。即便不是内在于某种特定传统中理念和制度之间的对话,那也必定内在于世界历史层面上的类似对话。

有许多理由让内部论证在特定的制度语境中无法深入,比如审慎、相对适当性或完全没有能力。某些已经建立的国家,甚至可能多少会故意拒绝为特定的变革活动(包括更大胆的内部演进)提供有效的制度工具。现存低能的民主国家就是这样的国家。

如果问及反叛正统的"异端"学说能否适合法官使用,我们的回答如下。我们既不是国家的奴仆（至少在传统的意义上不是），也不是国家的技术助手。在道德强制与制度限制之间发现一种先定的和谐，我们对此并无利害关系。此外，我们知道，除了作为论证用以驳斥那些与专业共识相差甚远之人以外，有关制度适当性的公认观点并没有多大价值。在争议事实或虽无争议却模糊不清的权利诉求的背景下撮合一些小交易，当警察、检察官决定将哪些底层阶级的暴力分子投入监狱时对他们进行监督，法院实际上所做的上述这些大多数事情，几乎不符合制度能力概念。

在理解司法角色运用反叛正统的"异端"学说的有限效果时，应当以两种相互对抗的考量为指导。一方面，我们不需要在学说突破中寻求取代更真实、基础更广泛的诸多成就之代替物，也不需要将学说上的争议视为取代了其他实际的或想象的冲突类型。另一方面，既有的制度架构里也没有什么魔法：我们继承下来的各种制度就是旨在抑制那些在任何领域都可能改变它们的活动。拒绝神圣化现有制度安排，意味着愿意勇敢面对不相一致地运用制度角色。任何有关制度角色的一般理论都不太可能从这样相互冲突的考量中发展出来。即使可以，其效果也不可能是确保有关正当的权威理论与法律秩序实际内容的全面兼容。因此，对于那些寄予厚望的人而言，可能没有什么用处。

一种修正后的法律分析实践即我们批判形式主义的建设性成果，只能通过重新限定学说的表达术语来解决学说的问题。公认的学说程序以及试图为其辩护的法律理论谋求一种方法，既能保证刚好拥有适当程度的修正权力，又能保证重申法律分析与意识形态冲突之间的对立。然而，这一寻求的实际结果是将一切法律

五　从批判到建构

推理都化约为一种顽强的诡辩，不得不在其最严肃、最系统化的时刻援引各种有关正当及社会实践的背景性理论，而法律推理也必定包含了这些理论的意义。

反叛正统的"异端"学说利用的内部演进这一方法，其修正范围最终只能受到制度考量的限制。这些考量没有任何更高的权威。它并不主张任何能够将其与意识形态争议明确区分的特权地位。因此，当超出某个临界点时，它看起来不再像是我们现在所称的学说，又或者不再服务于专业论证的各种狭隘目的，尤其是这样的论证发生在司法审判语境中时。可是，在每一个要点上，都只承诺它能够兑现的东西；其更松弛、更可辩驳的辩护进路并不需要将大胆的理论主张和保留临时调整这一权宜之计杂糅在一起。

这种对学说的重新创造也具有更宽广的意义。每一个稳定的社会世界，为其安宁，都依赖于将权力与前见重新定义为法律上的正当或技术上的必需。各种有关社会生活形式的平实或想象的斗争，必须被终止或受到约束，停火线必须重新解释为一种虽有缺陷却看似合理的正当体制。

各种法律规范和学说限定了基本的社会制度安排。这些制度安排决定、型塑了日常经济活动或政府活动的界限及内容。创设构成性实践的规则必须被解释、精练为表达了一种多多少少连贯的规范秩序，而不只是一系列毫无关联的战利品、不同派系用以标榜其谋夺政府权力为私人利益服务取得的胜利。否则，就不可能充分达成对权力以及前见作为正当的重述。规则的普遍性与权利的稳定性就会陷入永无止境的危险。对规制着一个社会世界的诸多规范进行解释性精练，将会变成重新开启该世界结构之争的契机。

在当代法律理论处理的各种社会里,社会生活的组织化一直受制于连续不断的冲突和累积性洞见,从而失去了其某种自然性、必然性的光环。诉诸法律上正当、技术上必需的各种抽象范畴变得更加重要,对法律或技术推理的必要删减截取也变得更加明显和粗暴。法律学说及法律理论中最为重要的截取实例已经提到过:对体现于相互冲突的规则、政策或原则体系中各种相互分歧的社会生活计划保持沉默。

反叛正统的"异端"学说在每个社会对制度体制的依赖中看到了自身的机会,而制度体制反过来又受制于一种正当愿景。基于受限的环境,运用具体的工具,延展的学说重新开启了为社会生活的条件而斗争。它是将变革的可能性建基于社会稳定机制的社会理论在法律领域的理论对应。该理论拒绝将既有的社会形式或这些形式在历史上的后续发展,解释为难以抵制之实际的或心理的必然性的表达。延展的学说将一种社会纲领延展至法律思想当中,该社会纲领致力于调和惯习式的社会生活与其偶然的变革性再造之间的对立。它希望将后者的某些品质传递给前者。

§2 批判客观主义的建设性成果:重新界定民主和市场的制度形式

我们批判客观主义的建设性成果是,让我们转而寻求各种可及的制度理念——尤其是民主与市场——可供选择的替代性制度形式。我们追求这一目标的主要媒介是反叛正统的"异端"学说本身,包括公认法律观念的历史批判和分析批判。为了使其充分发展,这种寻求需要三套支撑性、启发性的观念。

第一套观念是可信的社会变革观。如果没有这样的观点,我们就会缺少区分各种多少贴近现实的纲领性理想的标准。那么,纲领性争辩就会重新陷入其典型的现代困境之中。那些严重脱离既有现实的提议最终看上去像是乌托邦式的幻想,只是颠覆了一种其并未严肃想过如何加以改变的现实;而那些依然接近既有现实的提议又只是边边角角的调整,似乎不值得为之斗争。一边是轻而易举的重新定义,一边是无条件的屈从,纲领性的构想在这两种相反却互补的危险之间交替。

第二套支撑性观念认为理念应当指导制度形式的重构。这一理念可能是回应某种特定历史环境之远见卓识的产物;它也可能只是试图领会、概括某一内部演进过程的意义。

第三套观念提供了法律与社会的适当关系。可供选择的替代性制度形式,与其取代的制度安排一样,必须从各种法律范畴中找到。这一工作是反叛正统的"异端"学说的部分工作。

阐明激发我们各种纲领性制度观念之理念的来源和特点——即便不是其正当性——的一种方法是,表明我们的纲领来源于对各种目标的概括,晚近解放时期各种伟大的世俗学说——无论是自由主义的还是社会主义的——以及支持它们的社会理论都广泛共享着这些目标。这些学说的核心在于,相信弱化社会分化与层级,将展现出更深刻的共同性、解放生产力和创造力。有关社会变革及其可能制度表达的各种教条主义假设大大限制了该信念的理论后果和实践后果。我们已经批判了第二套限制,因而也就潜在地批评了第一套。结果是,形成了一种更一般化或更激进版本的社会理想。我们对这些限制的批判引导着我们重新思考进步事业的内容。

有三种等效的方式都表达了贯穿着这类重新构想行动的进步事业观。根据第一种描绘,进步事业的目标是逐渐放松固化的社会秩序,包括有关社会分化与层级的计划、有关可能的或可欲的人类联合模式的实施方案。这种进步主义解构的意义在于,社会秩序的每一方面都应有与之相应的实践活动或思维设想活动,以使社会秩序对集体冲突和审议保持敏感。(延展的学说本身就是这类活动的一个例子。)这样,社会世界的任何部分都无法隔绝于破坏稳定的斗争。

有关指导精练可供选择的替代性制度形式之理念的第二种说法是,个人的生活机会、生活经验应当逐渐从抽象社会范畴的控制中解放出来。个人不应当再成为与其阶级、性别、民族相应地位的傀儡。习惯上与这些范畴紧密相连的机会、经验和价值应当被故意打乱。

这一理念的第三个等效的版本是,一个社会世界所包含和所排斥的东西之间、常规与变革之间的对立,应当尽可能被破除;重新想象、重新塑造社会生活结构的积极力量应该融入日常生活的本质之中。无论是我们习惯生活其中的社会、精神形式,还是历史上曾经出现过的所有那些形式,都没有穷尽地描述或确定我们人类联合的能力。没有哪种形式不具有局部性、暂时性等性质。但是,这些精神世界、社会世界的限制性品格在其严厉性、内容及特点方面都大相径庭。寻求条件、限制更少的经验形式,就是追求能更好地公正对待如下个体的社会世界,这类个体最重要的品格就是,具有随着时间推移克服或修正他生活于其中的每一种社会结构或精神结构的力量。该理念在这里极度抽象的这三种等效版本,能够有助于引导此种修正。不过,在具体实现的每一个阶段,向下一层次的转变都还是松散、随机的。

与这种社会理念进路联系在一起的是法律概念及其与社会之可欲关系的观念。在贵族政体、社团主义政体盛行的前革命时期的欧洲,当时最有影响力的学说认为一般的法律和特殊的宪法应当是一种对潜在的社会分化和层级秩序的表达与辩护。权利体系旨在将社会的总体结构呈于表面,就像一栋建筑的外观折射出了它的内部设计一样。

现代法律思想史上最重要的转变可能是从上述观念转向下述这种观念:宪法和法律应当标示出作为财产所有人与公民,个体彼此之间可能交易的范围,而不必考虑个体在现有社会中所具有的地位。按照这种观点,权利体系将超越于真实的社会秩序之上。权利将是清楚和有效的,要么好像这种秩序不存在,要么好像它仅仅通过为权利定义之目的而视其不存在的权宜之计就能被充分控制和证立。

批判法学运动致力于法律与社会关系观念的另一种转变,这种转变的范围、重要性可能等同于向无关等级、地位之权利观念的转变。法律与宪法现在只是被当作前革命时期理论要求的反面。它们变成了对有关社会分化与层级之计划的否定,而非重申。权利体系的目标,无论是从整体上还是从其中每一个部分来看,都是提供一个与维护或再生产任何社会角色及等级方案相反的规划,因为社会角色及等级方案不接受质疑。

此种对立规划似乎需要一种极端的和近乎矛盾的唯意志论。不过，让我们考虑一下那些可能有助于将表面的唯意志论转变为变革性洞见的各种因素。第一，这种观点仅仅郑重地接受了自由主义法律和政治理论的预设观念，并将其推向它们自己的结论。它追问的是，社会生活自身要实际获得自由政治在相当程度上已经具有的那些特性，需要具备什么条件。它远非代表着对各种社会及社会思想经验的突然逆转，而是建立在理论洞见与实际政治的历史基础之上：从理论上洞见到社会生活具有人为建构的特点，实际政治则破坏了固有社会结构对政治的免疫力。第二，这种有关法律与社会之关系的观点，其最为重要的基础之一是，承认各种社会在允许自我修正的程度方面存在着差异。要想看清楚这种差异，比较自由主义民主本身与民主出现之前的社会就足够了。第三，这种看待法律与社会之关系的对立观点不需要、实际上也不可能立即运用。它作为一种调节性的理念，能够指导温和却渐进累积的变革。我下一部分的论证将有助于说明这个过程是如何发生的，以及它更详尽的意义。

§3　从一种社会理念到一种制度规划

1. 政治革命与文化革命

我上面所描述的社会理念以及看待法律与社会生活之关系的观点，可以被转译为一项有关重建民主的规划，更一般地说，是有关重建现有制度体制的规划。它们也可以被当作转型的人际关系

五 从批判到建构

愿景的基础。首先,我将讨论,通过内部演进,一项重建基本社会制度安排的规划何以能够从批判现存制度实践及理念,特别是从批判民主理念及其实践中推导出来。然后,我将继续在下面三个语境中勾勒这一改革规划:政府的组织、经济的组织以及权利体系。

政治的最终赌注总是人们之间直接务实的或出于激情的交易。当制度秩序不主动塑造社会生活这种精细的结构时,它就会受到限制。转型的人际关系这一愿景反过来可能有助于激发巨大的制度变革。

这一观点可以看作是对我之前所描述的社会理念的一种发展。它揭示了这一理念对当代社会尤其是西方发达社会的重要意义。反过来说,我们可以认为它解释了已经在这些社会里起作用的人际关系政治,这种解释受到经独立证明的社会理念以及这一理念利用的人格形象的矫正。我们目睹的人际关系文化革命政治,其直接的智识背景是 20 世纪早期现代主义的文学和哲学成果,它们关于自我与社会的颠覆性洞见越来越广泛地为西方和全世界所分享。然而,这种政治更深层次的根源在于意识到人格的无限性,也就是自我超越其生活于其中的有限的想象世界及社会世界的力量。通过与人际关系和制度安排的重新布局相联系,上述观点具有了更加具体甚至更加深刻的含义。

在我看来,文化革命实践统一的指导目标是,重新建立诸如上下级关系、男女关系等一切直接的人际关系,把人际关系从一种有关社会分化与层级的背景性计划中解放出来。这一计划为人际交往关系提供了预先写好的脚本,令实际交往或情感连接的机会不得不遵守既定权力施加的诸多限制,根据人们在先定的社会、性别等差异中的地位来分配人们的固定角色。

文化革命这一规划乍一看似乎完全是否定性的,不过我们能够以一种肯定性的模式重述它。它希望让不同类别的人更加自由地重新组合各自可及的各种机会与经验。这种重组机制的重要性在于,一方面它本身就是一种善,另一方面它也是改善社会生活之品质的一个契机。理解这种机制如何回应实际需求足够简单,那就是,生产与交换形式越是独立于任何僵化的既定社会或组织环境,生产能力就越能得到发展。这种改善的希望也会延展至(尽管可能更具隐蔽性和争议性)共同体领域与激情领域。例如,人们可以被允许和鼓励去兼有被支配性的刻板印象分别赋予男性或女性的某种品性。

这种文化革命实践在某种程度上还与社会制度结构的斗争相隔绝,它陷入了一种不顾一切的自我关切之中,容易将兑现或拒绝承诺——对人、对制度、对理念的承诺——置于自我改造和自我超越的位置。这种见解让我们回到了对制度安排的批判和重新构想。

这里勾勒的规划也许可以被直接证明是一种解释,解释一种具体的社会理念及其相应的人格形象对我们的历史环境有什么要求。运用内部论证的方法,我们也能得到相似的结论,即运用各种可及的民主理念,将之与理应实际体现这些理念的现存制度安排做比较。这一内部论证进路与我们直接从一种有关自我与社会之理念直接得出的推论,两者间的趋同确证了内部演进与远见洞察并行不悖。

2. 批判与再造民主

现代民主概念涵盖了从玩世不恭、愤世嫉俗到理想主义两端的一切版本。在理想主义这一端，是自信满满的人民主权概念，其自身的利益受限于派系轮流执政的要求，能够在直接民主向代议制民主的转变中保持完整。在玩世不恭、愤世嫉俗一端，是民主理念的各种变体，声称只要各种竞争精英偶尔需要取得大众的支持，精英间旷日持久的竞争就满足了民主的需求。然而，当代民主理念的所有版本，都共享着一个核心底线：无论"派系"这一术语的定义如何宽泛，以至可以囊括社会阶层、劳动力部门、意见党派或任何其他稳定的集体类别，政府都决不能永远沦为某一个派别的傀儡。

如果国家存于其中的社会是根据一种僵化而明显的、设定了每一个个体之生活机遇的社会分化与层级体系组织起来的，那么底线主义的政治合法性观念可能就没什么意义。要么是等级结构中的支配性群体将国家变成其相当被动的工具，要么是国家虽然表面上享有广泛的立法权，但其对于实际的社会组织而言却变得相当边缘化。由此，底线的标准就必定被延展，以体现显著分解、削弱这一社会支配与分化计划的要求；标准的延展虽然还模糊不清，但依然意义重大。驳斥这些现有民主版本的一个内部论证办法是，根据国家与社会的延展的底线要求这一标准来评判它们。

对于这一论证，我们已经足够熟悉，通常包括以下三种批判观念，都强调现有的民主未能满足底线要求。第一，既有的政治、经济组织形式让相当小的群体控制了通过关键的投资决策实现集体繁荣的基本条件。出于下文将要讨论的缘由,宪法制度建制的模式使得为任何重大转变赢得政府权力都很难,比如,承诺改变市场的制度形式、承诺改变最终控制资本积累速度及方向的着力点。此外,即便是最不具威胁的改革,得到的直接回应也是撤回投资、资本外流,以及后续的经济危机、选举失利。

第二种批判强调工厂、官僚机构、办事处、医院、学校等主要的组织化生活领域的重要性,在这些领域里,人们行使、遭受的各种权力,既不受制于有效的民主问责制,也不能为契约自由、技术必需这两种最为明显的民主替代品充分证明其正当性。在很大程度上,这些私人权力的大本营隔绝于政党政治冲突所带来的风险:从政府组织的"制约与平衡"模式,到市场与民主可能如何被组织的可信替代版本的缺失,其间的一切皆促成了这种隔绝。由此,日常社会生活经历揭穿了公民身份承诺的谎言。

第三种批判更狭隘,指出从其相对隔绝的位置出发,组织化的利益群体能够腐蚀有关社会未来方向的公共对话。他们对通信手段及政党竞选资金筹措的影响力,就是最明显的腐蚀手段。

驳斥民主既有形式的情形也许可以建立在另一种基础之上,尽管它不如刚刚枚举的诸种批判那么令人熟知,却也存有内部论证的特点。既有的民主政治,非常典型地执迷于为数不多的政府活动选项。(当然,这一点对当今的共产主义国家甚至可能更有力。)这里以领域广泛的宏观经济政策为例。

曾经,决心改革的左倾政党凭借一波重新分配收入乃至财富的承诺执掌权力。只要这些政党足够有雄心、足够"左",那么他们的施政纲领就会包括改变国家和经济制度结构的计划。然而,这些改革计划通常在正式试验之前就夭折了。有效限制政府权力的宪法保证鼓励了拖延、抵制和僵局。同时,对再分配和改革的恐惧引发了撤资、资本外流等经济危机。

那些想要改革的人从各个方面发现,由于制度结构经常有意无意加剧的转型难题,他们的选民支持被侵蚀了。他们在绝望或幻灭之中转向了一种短期目标:温和的再分配、恢复经济增长与稳定。在政府和经济活动的既定结构中,甚至这些目标也无法实现。在有机会对持久的制度留下许多印记之前,他们就被赶下台了。

另一个保守派开始掌权,许诺通过加速经济增长来帮助所有人。其最具雄心的计划是主张建立或恢复自由竞争。可是,由于稍后提及的原因,如果不彻底改变——与保守思想相去甚远的改变——去中心化的基础,经济去中心化程度的猛然加剧,就无法与规模经济及其他技术考量相协调。保守派的纲领很快就沦为这样一种论点:你首先得帮助那些有资本投资的人,然后才能更好地帮助每一个人。

然而,投资者永远不会安于遵守规则。他们懂得民主的变化无常。他们中的大多数人早就已经不再是传说中的那种敢于创新、敢于冒险的企业家。单纯的政府拨款不会改变他们,贪婪也不能确保创造力。由于未能从中看见富人们来弥补不平等,迷失方向、灰心丧气的选民们抛弃了保守派,给改革派制造了又一次失败的机会。

在这一轮令人沮丧却又难以抑制的政策更替轮换中,每一边都预料到且内化了失败的前景。改革派无法决定是主张重组经济及国家,还是满足于在既有政府和经济组织形式下建立福利制度。

保守派则在认真对待其自由竞争口号和不加掩饰地讨好富人之间犹豫不决。政治希望经历了一次积聚性的紧缩。政治作为一系列解决棘手问题的次优方案得以苟且实践。每一边阵营的纯化论者都能振振有词地声称他们的理念从来没有得到试验。犬儒派则建议我们屈从于既有的存在,面对现实。

起初,这些受限的、有限的选择似乎只是相互竞争的政治力量所代表的各种合力不可避免的结果。这些力量相互防止对方实现自己的意志,主导性的政策会是这些相互掣肘共同容许的那一些。但是这种解释还不足够充分。相互竞争的派系,其身份已经被有关现实可能性的诸种假设所型塑,而现实可能性又是根深蒂固的固有制度秩序所强加的。这一制度秩序还形成了每一个派系必须面对的障碍及挫折的具体模式。致力于改革的人必须理解这一潜在结构并集中精力对之进行逐一改革。

政治生活的循环往复特性,明显与下面这一愿景承诺相冲突:缩小构成性制度秩序内的小冲突与围绕制度秩序本身的巨大斗争之间反差。在此种强制支配下的社会世界里,即便是其最有活力、最有见识的公民,也会沦落为毫不抵抗(即便并非毫无察觉)的木偶状态。改革周期的循环也支持了一条内部批评的线路。这一内部论证需要以如下这种同样熟悉的观念取代国家不受派系裹挟的观念:一个社会秩序,其所有的基本特征都由平等的公民、权利所有人或直接或间接地选择,而非由不负责任的特权或盲目的传统所强加。没有人选择我们实际上不得不在其中选择的上述那些具体选择方案,它们的具体内容也不能被理解为人们的选择相互冲突的直接结果。这是一个无法实现其基本自我形象的社会。

要想在一个自身完全摆脱了某种牢固的有关分化与层级之背景性计划的社会里,构想和建立起真正不再受某个派系裹挟的国家,我们可能必须变革现有制度秩序的每一个方面。然后,转变后的制度安排可能就暗含着修正我们一开始的民主理念。国家不受派系裹挟,社会应当从僵化、确定的分化与层级秩序中解放出来,我们应当从这一观念转向一种制度结构观念,制度结构会自我修正,并源源不断地提供打破社会生活中任何固化的权力及协调结构的机会。在其有机会保护自己免于日常冲突之风险前,任何此种新兴结构都可能被破坏。

将这种赋权民主发展为一套更为具体的制度原则的一种方法是,将阻碍其实现的障碍限定在制度变革的每一个主要领域:民主政治的各项制度安排,经济(或市场)的各项制度以及权利体制。这一程式的好处是能使这一规划有别于无期的乌托邦式蓝图。无论所建议的制度安排重组多么激进,它们都代表了根据秉持的社会理想和公认的集体利益对一种独特的制度或意识形态方案进行调整。制度试验反过来又揭示了在如何理解这些利益和理想方面的矛盾性和模糊性,并且提供了重新解释它们的机会。

3. 政府的组织

我们首先考虑如何组织政府、如何安排有关政府权力执掌和行使的竞争。限制政府权力的制度设计也可能使政府陷入僵局;通过有意设计而非出于逻辑或必然,这些制度设计可以在自由主义对权力分立的承诺与保守主义对减缓政治进程的欲求之间建立起一种联系。它们也可以在一项政治计划的改革范围与执行计划所面临的宪法障碍之严重性间建立起一种大致的平衡。这种宪法设计有助于形成且一旦形成就会加强,在任何稳定的社会情境中都得以具体化的各种利益和前见。其结果是,正式的政治斗争不能提供足够的机会,以进一步打破社会生活中的分化与层级这一背景结构,从而形成之前已经强调过的事实——对既有民主版本的内部反对。可是,问题的核心在于,修正具有这种结构保护性作用之制度安排的每一次尝试,似乎都破坏了为保护自由而对政府权力施加的限制。这一两难困境的成功解决,必须提供限制国家的诸多方式,同时又不必实际剥夺政治具有的变革潜能。

解决这一两难困境的方法应当包含如下三个要素。第一,应当增加政府的组成部门。对于社会秩序的每一个关键特征,都应有与之相应的、广泛以国家权力行使的冲突为基础、具有潜在破坏性的某种形式与领域。对政府的组织、对围绕政府权力之冲突的组织,应当为每一种实际的或想象的巨大变革活动提供适宜的制度环境。(例如,回想一下当代美国法规定的各种颇具雄心的禁令救济,使现有制度卷入了大规模的毁坏重构。这种救济方式不应当因其既不符合当代国家的司法语境也不符合其立法语境,就被乌云笼罩。)应设计不同的政府部门以不同的方式对人民主权、政党间的政治竞争负责。

115 第二,越来越多的这些政府部门彼此间的冲突,应当基于各种部门优先性原则、向选民下放权力的原则来解决。这些原则必须能干脆利落地化解僵局。它们应当取代那些试图通过刻意维持僵局来限制权力的各种彼此疏离、分散的制度设计(包括传统上对"制约与平衡"的关注)。

第三,执政党,这一政府的纲领性中心,应当有真正的机会去试验其计划。一战以来许多欧洲国家的宪法经验表明,宪法对决定性革新的关切,既不必让国家权力不受制约,也不必伤害反对派的各项重要权利。在使市场经济民主化的经济秩序、强化个体同时不僵化社会的权利体制这一双重背景的对照下,政府改革计划的这三个要素的重要意义更加清晰。

4. 经济的组织

在富裕的西方国家,市场的普遍制度形式运转的方式是,将或多或少的绝对权利分配给可分割的社会资本各部分,这些权利可以不间断地连续转让、继承。在相当大的程度上,具体的市场是由大量小型企业环绕的大型商业企业组织起来的。工人允许成立工会。无论是将经济细分为大小企业,还是通过公私交易缓和劳资双方之间的对抗,都有助于分化劳动力。工人们还是被划分为不同的群体,在劳动分工中被固化在相对固定的位置上,在利用集体自组织的机会方面存在天壤之别。这种维持市场秩序的方式既给赋权民主规划制造了自由方面的问题,也制造了经济便利性方面的问题。

这种方式既在宏观层面也在微观层面威胁着民主的自由。从微观层面来看,它赋予了某些占据固定社会位置的人使处于其他社会位置的人陷入依附境地的权力。个人合同或集体合同的权利,并不能彻底抵消这种依附性,组织绩效这一实际上的强制也不能充分证明其正当。现有的经济秩序在宏观层面上也对民主构成了威胁。它容许相当小部分控制着投资决策的群体,对集体繁荣或集体贫困的诸多条件拥有决定性的发言权。

在危害自由的同时,主导性的市场组织形式也由于一系列的叠加效应抑制了经济进步。这些效应表明,由于让创新机遇从属于特权利益、压制可塑性这一世俗的成功秘诀,现有市场秩序是如何成为实践独创与经济进步之累赘的。

现有市场体系的第一个破坏性后果是,它对绝对程度的经济去中心化施加的限制。一方面,在这种市场的制度版本中,任何拆解大型企业的尝试似乎都会牺牲不可或缺的规模经济;另一方面,主要产业的去中心化将意味着资本的碎片化,由此会导致劳资双方相关权力的决定性移转。怪不得推动"自由竞争"的计划看起来就像一场浪漫的冒险,通常情况下都是政府与大公司之间进行暗中勾兑的幌子。

第二个后果是,阻碍经济试验——特别是,不仅重组、更新各种生产要素,而且重组、更新生产、交换之制度环境的组成元素方面的努力。市场秩序的模式使得修正这种制度环境的主动性,势必依赖于派系利益,这些人以财产规范和非人格化技术要求的名义带头组织生产、监督经济积累。

特权阻碍经济试验的一种微妙方式是,维护一套有助于在以下两者间确立一种清晰对比的制度条件:一边是倾向于在主流工业(以及行政、商业竞争)中组织生产,另一边是倾向于在新兴试验部门中组织生产。在主流工业中,任务设定活动与任务执行活动之间通行着泾渭分明的对比。与之相伴的具体产业要素是,严格的生产流程、生产具体产品的机械以及批量生产,全都依赖于巨大的资本投入和相当稳定的产品、劳动力、金融市场。在工业、行政和商业竞争的新兴领域,取代上述泾渭分明之对比的是,在一种从生产的形式、工具到结果都支持灵活性的环境下,任务设定活动与任务执行活动之间一种更加持续的交互。

市场经济的现有形式可能阻碍最先进的生产方式的传播,因为它确立了能够使企业自身免受市场力量影响的条件。这些条件中尤其显著的手段是,使缺乏灵活性、成本高昂的企业能够抵御金融市场(例如,通过创设自己内部的投资基金)、产品和劳动力市场(例如,通过依靠权利更少的临时工或外围企业来应对需求边际不稳定的生产部分)的不稳定性风险。

从其社会背景来看,现有市场体系还对生产能力的发展造成了另一种损害:它从根基处破坏了以增长为导向的宏观经济政策的条件。经济增长战略可以通过收入与负担的差异化分配来实现,不同的工资、税赋、直接或隐性的补贴等形式固化了这一差异化分配。任何连贯且有效的政策都要么必须在这种分配上达成广泛共识,要么必须具有在没有共识时坚持一种给定分配标准的权力。宏观经济政策发现自己一再陷入难以调和的两种标准之间:一种标准是,不同企业部门及劳动者控制或破坏生产的相关能力;另一种标准是,不同群体在经济之外通过投票、宣传甚至社会骚乱来施加压力的不平等权力。有两种不同的组织影响力形式。无论是在经济的还是政治的戏台上输掉的一方,都可以在另一个戏台上加以反击。任何分配方案都无法平等尊重这两种力量关系。同样,无论是经济上还是政治上的分配方案,都能够被其经济上强大或者政治上有影响力的受害者所破坏。

在应对这些事关自由与繁荣之多重危险时,一种市场经济制度设计一定不能将经济去中心化简单化约为,将绝对权利分配给规模、影响力和优势悬殊巨大的、可分割的社会资本各部分。另一种符合赋权民主的目标、符合其宪法组织及权利体系的替代原则,既能被表达为一种经济观念,也能表达为一种法律观念。

核心的经济原则是建立一个滚动的资本基金。满足中央政府所确定一般条件的工人或技术人员团队可以暂时获得资金。比如,这些条件可能对企业内部收入或权力的差距、资本积累、利润收入分配等设定一些外部限制。不同经济部门使用资金收取的利率构成了政府财政的基本来源,而这些利率的差别则是鼓励风险导向或社会回应性投资的主要手段。基金的管理是为了让新的市场主体源源不断地流入市场。不允许企业垄断组织市场的地位,或者利用各种手段使今天的自己免受市场波动的影响。特定个体或团队得到的回报,应当与他们暂时所属组织的帝国式扩张区分开来。

这种体系旨在变得比现存市场秩序更加去中心化、更加灵活。去中心化的生产和交换的制度规定,将比现在的更加容易接受试验性的重塑,无论这种重塑是由政府还是由经济主体发起的。然而,其目的不是用一种蓝图来取代另一种蓝图,它的目的是塑造一种不再执着于自身单一版本的市场经济。私有财产和社会财产可选择的替代性体制以及补充它们的合同进路,将开始在同一种经济体中试验式地共存。

经济制度现在由一套法律权利和事实权力关系体系所固定,政府似乎只能极为细微地改变这套体系,而普遍的偏见又教条主义地将这套体系等同于市场经济内在的固有本质。在改革后的体系中,可预见的一个争论点是,为了试验与革新,经济整体或某一具体的经济领域中,生产与交换的制度形式允许变动的范围应当拓展到什么程度。

滚动资本基金在法律上与之对应的是一体财产权的瓦解。一如任何老百姓或普通法律人从一开始就应当了解的那样,我们所谓的财产只是不同权能的集合。这些权能可以被拆解并分配给不同的实体。由此,在修正后的市场体系下,现在构成财产的某些权能可以被分配给设定资本获取条件的民主机构,其他权能则将由资本所有人自己行使。

5. 权利体制

除了政府和经济的组织之外,权利的体制也构成了制度重建的另一个领域。从目前的形式来看,这种体制引发了赋权民主规划的两个主要问题。个体的安全建立在两种支撑之上:一种是财产权制度,它有着使一些人陷入直接依附其他人之不利境地的威胁;另一种是政治权利与公民权利、福利权利的集合,它不具有此种威胁。可是,任何可选择的经济秩序似乎都可能加剧自由面临的危险——一个只有通过富含法律细节的纲领性建议才能有效解决的问题。我们不能指望通过缺乏制度内容的诸多抽象之间的碰撞来解决它。制度内容必定以法律的形式存在。

既有权利秩序也对这一制度规划的目标提出了另一个不那么为人所熟知的障碍:缺乏能够影响公共生活的法律原则和权利,而公共生活是社会生活的各个领域,人们在其间有着一种具有高度的相互侵害性又彼此负有责任的关系。

一方面,我们主导性的权利观念将权利想象为权利所有人自由决定的领域,该领域的边界或多或少被严格固定在最初定义权利的时刻。权利就像一把上了膛的枪,权利所有人可以在其所在的街角随意射击;在其街角以外,其他"授权持枪人"可以将他击毙。但是,公共生活的互让性及其关注任何决定之于其他人的实际影响这一特性,都与这种权利观不相容。因此,如果这是唯一可能的权利观的话,那就与任何权利体制都不相容。

另一方面,法律人仍然相信,义务主要来自于完善的意志行为(比如充分格式化的双边履行合同)或者国家单方面强加的义务。虽然越来越多的法律权利和观念体系意识到,诸如信赖利益等受法律保护的关系并不符合这两个范畴,但是从我们思考义务来源的角度来看,这些关系仍然是反常的。我们公认的彼此间的大多数道德义务,尤其是那些表征着共同体的道德义务,来源于相互依赖关系;而这种相互依赖关系只是部分由意志表达,并且是间接才受到政府影响的。在这种日常的道德经验中,所谓法律义务的两个主要来源其实代表的是例外的、有限的情形。

权利与共同体的问题,如何与赋权民主的规划、支配与豁免的问题联系起来,乍一看似乎并非不言自明。别忘了这些制度重建建议的至关紧要性不仅仅在于其本身,而且在于它们鼓励个体直接关系性质的转变,尤其是共同体可及形式的转变。这是将社会理念转译为社会实践的另一个要素。这一要素早先的特点是,逐渐将个体关系从社会分化与层级的背景计划施加的限制中解放出来。它寻求重新组合与不同社会角色相联系的各种经验与品格。它表达了这样一种共同体理念:共同体不再像我们现在所经历的那样,陷入与社会生活品质相反的形象。

这些改革后的共同体经验模式需要在法律的范畴中进行彻底思考,并得到法律权利的保护。如果对这些有关团结与主体性的重建不给予制度支持,那就会把它们抛弃在与我们的理念相违背的人际关系固有形式中。有关权利的本质、义务的来源的公认观念甚至都不能轻松地渗透现存的各种团体生活,更不用说我们渴望的那种共同体生活了。

权利与共同体问题解决的只是规则与权利的形式。支配与豁免的问题涉及一项特定权利的社会效果,即一体或统一的财产,对社会资本可分割部分的绝对权利主张。那么,这两个问题是如何联系在一起的呢?在19世纪高度古典主义的法律思想中,财产是一种典型的权利。一体财产权必须是一个近乎绝对的自由决定领域。在这个领域内,权利所有人可以避免卷入任何对他人承担责任的主张之中。

一切权利都是在这种财产观念的模式下被理解的。作为世俗抱负的焦点,财产在法律范畴体系中具有显著的实际重要性。此外,将基本经济安排从民主政治中分离出来的承诺让法律人希望从财产这一特别的标签下看到权利的内在本质,而不仅仅是一种需要特殊辩护的特殊情形。主流法学不得不支持;财产似乎无比清晰地例示了对19世纪客观主义至关重要的权利特征:试图从特定类型的社会观念中推断出权利的内容,好像每种类型都有其先定的制度构造一样。随着这种客观主义版本失去其权威,另一种更模糊地容许从财产中推导出其他权利的客观主义版本取而代之:发现物质资源权利与其他权利之间的任何确切区分,都具有便利性的、分析性的任意性。由此，缺乏适合共同体生活的法律原则和法律范畴，既是赋予市场以法律形态出人意料的副产品，也是由于无法将现存的各种共同体吸纳进支配性的社会愿景所导致的结果。

要想有效地处理这两个相互重叠的问题——支配与豁免的问题、权利与共同体的问题——法律可能必须区分四种权利。权利的概念附属于权利体制的概念。权利体制描述了个人或群体在一套合法界定的制度安排中的相对地位。这些安排必须足够基本、足够全面，足以界定一个鼓励人们之间工具性或情感性的特定关系、反对其他关系的社会世界。

权利赋予了个体一个不受约束的自由行动区域，其他人，无论是普通公民还是政府官员，都不得侵犯该领域。但是，我们既不能将种概念误解为属概念；也不能声称我们已经理解了这一权利的种概念，除非我们已经弄清楚了权利运作的制度背景。一旦得到充分阐发，这里所描述和证立的权利体制将预设此前勾勒的、组织政府与经济的各项原则，同时也以这些原则为前提。构成权利体制的四种权利类型也将具有不同的意义，一体财产权观念对我们权利思维的专断最终将被推翻。不过，所有这些权利范畴都分享了某些特征。每一种权利范畴都确立了一种独特的人际关系类型，以促成集体自治计划、抵制社会分化与层级的影响。

第一种权利范畴由各种豁免权（immunity rights）构成。它们确立了个人对国家、其他组织及其他个人几乎绝对的安全诉求。它们既与各种政治风险兼容，又构成了这一秩序中固定的阿基米德点。作为政治和公民权利（组织、表达和参与），作为福利权利，

五 从批判到建构

也作为选择在职务上甚至领土上从既有社会秩序撤离的权利,它们赋予个体以基本的安全感,以使个体在不危及其核心安全的情况下接受一种广泛的集体冲突实践。赋权民主中的豁免权不同于当前的个体安全保障,因为它们授予了更大范围的赋权和保障。它们也因避免了安全保障而有所不同,而安全保障就像统一财产一样,帮助权力秩序抵御民主政治。作为给予人们保证的一种方式,豁免权之于财产权的关系,如同财产权之于种姓制度的关系。

各种打破现状的权利(destabilization rights)组成了第二种权利。它们代表着彻底改变既有的制度与社会实践形式的权利主张,因为这些制度与实践形式已经与挑战隔绝且鼓励社会分化与层级的固化。它们是一种可选择的替代性权利体制中最新颖、最费解的部分,我后面将详细讨论。

各种市场权利(market rights)构成了第三种权利。它们是对社会资本可分割部分附条件的临时性权利主张。市场经济将不再固化于自身的单一版本。经济主体能够在不同的合同和财产机制下进行交易,其中一些机制比另一些机制更加适合于特定的用途和部门,但是没有一种机制能够固化为市场经济排他性的法律表达。条件性的、临时性的、分散化的财产形式——一体财产权的衍生品——将不再被看作是边缘化的异常情形。一体财产将不再代表权利的模式。在连续性关系的语境下,未完全表达的协议,将获得即便是当前的经济与社会现实也已经赋予它们的那种重要性。完全表达的双边履行承诺因此也将失去在合同法及其学说中一直占据的核心地位。更一般地说,市场权利的构造忠实于组织起来推动自身制度安排之永久再造的市场经济理念——自下而上通过经济与社会主体的主动行动；自上而下，则通过民主的立法及辩论。

各种团结权（solidarity rights）构成了第四种类型——团体生活的法律权利。团结权赋予了许多从相互依赖、相互耗损的关系中产生的预期以法律效力，这些关系既没有被意志充分规定，也没有被国家单方面建构。每一种团结权都可以分两个步骤加以实现。一开始通过囊括诚信、忠诚或责任等标准给出一个不充分的定义。然后，由权利所有人自己（如果权利所有人不这样做的话，则由法官）根据未决的权利行使行为对各方关系人可能产生的实际影响，在具体语境中设定行使权利的具体边界，这就得到了充分完整的限定。

6. 变革性理念与政治现实主义

如果假定我们要么需要不折不扣地全面执行这一政府、经济及权利体制规划，要么根本不能执行，那就错了。虽然这一规划的各个部分互为预设、彼此加强，可是，只要一个领域内的制度重建进步能够从其他领域的类似进展中获得支持，那它们也都可以通过微小的、渐进累积的步骤得以实现。这些步骤开始于对现有安排进行看似温和的再调整。这里提议的权利体制能够用来为以模糊、争议和增长为特点的每一个法律领域内的具体规则和学说体系的发展指明方向；它能够变成一部分指导我们反叛正统的"异端"学说实践的要素。

此外，这一制度重建计划还代表着试图打破自18世纪晚期以来一直支配着政治思想的下述虚假反题的桎梏，也就是有关现存民主形式理想化或贬损化的理论图像同与之相反的共同体共和主义图景之间的对立。这一对立最典型、最著名的版本出自邦雅曼·贡斯当[1]，他区分了古代的共和国与现代的共和国。在古代共和国，全体公民都有自治的积极经验，他们献身于公共善以及历史舞台上的公共生活，但相应很少有个人享受及发展主体性的机会。在现代共和国，主体性与个人享受蓬勃发展，却以公共空间的萎缩为代价。

这种对立是个骗局。无论是否恰当地描绘了过去任何真实的社会，呈现的与现存民主形式相对照的理论图像，都只是其反向的自我形象，是一切当时社会生活缺失之物的一个容器，是对各种实际的或想象的失败的一种告解。因为理念性的公社共和国无法作为任何看似合理之实际改革或概念调整的结果出现在现有的政治安排中，所以它以佯装否认的行动确认了既有秩序的权力。

我所描述的规划既非这一不自由的神秘共和国的另一种变体，更不是既有民主形式与其虚构反面的某种荒谬综合。相反，这一规划相当于一种超自由主义（superliberalism）。它将国家与社会的自由主义前提、通过自由意志摆脱社会关系的依附与支配的自由主义前提融合为一个远大抱负：建立一个亲近自我的社会世界，总是能够打破自身精神或社会构造方面的生成性规则，并让其他规则和构造取而代之。

限定超自由主义规划的一个不那么有争议的方式，是说它努

---

[1] 邦雅曼·贡斯当（Benjamin Constant，1767—1830），又译本杰明·贡斯当，法国文学家和政治思想家，近代自由主义的著名代表人物之一，代表作有《古代人的自由和现代人的自由》。——译者

力让社会生活更加接近(传统上定义的、狭义的)政治已经在自由主义民主政体中表现出来的样子:或多或少临时性的、零散的群体之间的一系列冲突和交易。这些群体构成了意见党派,我不仅意指狭义上所说的政党,也指为某些利益或事业辩护而联合起来的任何人,他们想要通过主张或收回政府权力来增进这些利益或事业。这种经验与将人们固化于一个严格的、等级制的劳动分工的社会组织截然不同。此外,要想按照自由主义政治的形象重构社会生活,就有必要改变自由主义的观念及其政治实践。一项进步主义规划,其任务之一就是揭示这种改变是如何实现的。

六　两种学说模式

§1　从制度规划到学说范例：平等保护与打破现状的权利

我的讨论现在转向这一制度规划的一个特殊领域——打破现状的权利及其在当前理论与信条中有限的对应物。这个焦点让我能以更加详尽的解释细节，阐发所建议的权利体制之最晦涩却也最为独创的部分，以及最能揭示整个规划之指导性意图的部分。这一分析也是反叛正统的"异端"学说两个有效范例中的第一个。特别是，它表明在一个急剧变革、更加理想的社会里，一种权利体制的观念如何可能有助于引导现存社会之信条的发展。我所提出的这一变革后的学说实践维持了信条的基本特征：主张合理地影响国家权力的行使，希望从一开始就从与其权威质料、制度语境甚至是公认的论证准则相兼容的立场出发逐步发展一套法律体系。展现一种理想的愿景与此时此刻的法律分析行动之间的这种关系，在一定程度上就是实现如下主张：反叛正统的"异端"学说相对化了法律推理与意识形态争议之间的差异。它通过拓展我们有关学说论证能够是、应该是什么样子的观念，保留了公认的学说观念中的有效元素。

需要解决的是,当代西方法律体系通常通过平等保护学说以及一些其他相关法律实体及观念来解决的那些问题。我的进路是,首先批判思考这些问题的公认方式,然后揭示这些问题如何可能在之前勾勒的制度与理论框架中得以解决,最后指出这种解决方案如何指导对当今法律秩序的思考。

1. 平等保护的运用

美国和其他西方民主国家宪法中的平等保护原则,一直承担着两项相当不同的任务。其最狭义上的使命是,以一种受限的个人自由理念之名推行一种具有法律普遍性的强制要求,防止无原则地、歧视性地动用政府权力针对个人或少数群体。这可称为"一般性要求"的任务。由此可以说,平等保护这一保证只不过代表了普遍禁止以法案剥夺公民权、重申立法与行政之区别。它所强加的温和的要求,能够通过法律所使用的任何可信的一般性范畴来实现。

平等保护及其相应原理一直被期待的第二项任务更具雄心抱负,也更具争议。它被用作对法律可能会使用的一般化范畴施加的一种限制,可称之为"一般性矫正"的任务。同情理解地看,它旨在防止政府通过法律设置或强化某一群体处于集体性的不利,因为这与"在民主社会里,每一个人都应当被当作人来对待"的原则不符。与"一般性要求"的功能不同,"一般性矫正"的任务似乎要求那些负责执行法律体系的人对宪法、法律在社会中的适当角色有一个全面的看法。平等保护的这第二种变体非常典型地运用了两种型塑、限制其运转的关键概念工具。分析这些智识策略有助于揭露支撑"一般性矫正"平等保护的法律与社会概念。

主要的也是一直处于思想前沿的概念工具是,承诺摧毁国家制造或强化的各种使某一群体处于不利境地的集体性不利条件,这些不正常的集体性不利条件构成宪法秩序的最大威胁。其中一种解释是,这种不利的各种具体实例可能造成一个集体整体处于劣势地位,无法通过宪法规定的政治竞争实践或决策予以救济。除非几乎没有这种群体性不利的具体实例,否则平等保护就必须对社会秩序进行极具重构性的干预。这种干预可能会证立某些完全不同于现有平等保护学说的法律范畴或实践结果。它也可能向负有直接责任的政府部门——司法机关——施加一种与国家的宪法建制不相容的负担。由此,如果此种集体依附性被证明是普遍性而非例外,那么就将说明宪法计划是内在不一致的。

另一个至关重要的概念工具是,"政府行为必要条件"这一美国法中众所周知的观念。其要点是,将对立法自由的宪法限制加之于由政府权力而非私人权力推动维持的各种不利条件。这一任务的执行提供了消除下述危险的第二次机会:平等保护审查可能被用来颠覆社会、破坏宪法的制度逻辑。可是,虽然这个二次机会可以有效避免轻率的或煽动性的热忱,但它在很大程度上却应当是不必要的。之前通过政府行为必要条件所施加的限制,可以由直接分析设置集体性不利的法律实际或意图的后果取而代之。

更重要的是,如果存在许多使一个群体陷入集体性不利境地的具体情形,既不能通过正常的政治程序加以矫正,又由于政府不会因此犯错而无法受到其他宪法上的制约,就会出现严重反对宪法计划的意见。那么,国家就愈发像前革命时期的政府,陷入一种其无力改变的高度限定的社会秩序之窠臼。可是,现代宪法与法律理论面对的国家,理应有效地使社会基本安排,尤其是那些建立权力关系的安排,服从于平等的公民和权利所有人的意志。

2. 隐秘的平等保护理论

只有在一种独特的政府与社会观念的语境下,承诺纠正那些无法弥补的集体性不利以及政府行为的标准这两个概念工具才是有意义的。这一观念的规定性方面和描述性方面是如此紧密地结合在一起,以至于两者总是不能被区分开来。让我将其简称为"基础性的底层观念"。我有意模糊不清地陈述这一底层观念,是为了更好地避免不必要的限制性假设和带有偏见的无理指责。这种观念既设想了特定类型的社会,又构想了具体类型的政治。这两种图像理应既相互强化,又在结构上类似。两者结合在一起,就相当于之前勾勒制度规划时所描绘的那种底线主义民主观的一个更成熟的版本。

宪法确立了一套程序来组织围绕政府权力行使的冲突。这套程序防止社会的任何一部分先是将国家而后是将社会生活本身永远置于自身利益和意见的支配之下。政治腐化的解毒剂部分来源于个体安全保障体系(包括合同与财产权),部分来源于旨在限制国家权力、确保以选举补充公职人员的制度设置,部分来源于国家在其中得以维持、反过来又帮助其改善的社会之性质。

在这种社会中,个体及其自愿形成的群体能够追求多样化的目标,尝试不同的生产性经济关系和团体生活形式。生活机会并非势必由在社会分化与层级计划中的相关位置决定。在很大程度上，人们在公民社会里自由活动，以与共和体制下作为公民参与派系竞争差不多的方式团结在一起。如果没有至少接近这种状态的社会，之前描述的国家就不会存在：它将要么被推翻，要么陷于无效的境地。（这样的国家一开始是如何出现的是个问题，出于当前的论旨，我们暂且不予讨论。）

不过，这一底层观念承认，政府必须不断干预这个社会世界的各项安排。国家与社会之间的确切关系是民主政治利害攸关的重要议题之一。每个群体都试图以略微不同的方式来安排这种关系以推进自身的利益和想法。再者，一种似是而非的主张认为出于正当和审慎的考虑，每个人都应该得到物质和文化条件，这些条件能够让他发展作为私主体的计划并让他感受到作为公民的重要性。无论他在所谓标识着社会生活的自由竞争与联合里表现如何，他都应该有接触这些条件的机会。这一底层观念假设，民主社会的特征通常能确保，个体通过自身努力能够摆脱对弱势群体的限制。民主政府的特征通常能确保，群体有能力通过政治行动抵抗不利条件，尤其是抵抗某些之前的政府行为模式造成的负担。

然而，有时群体性的不利如此根深蒂固以至于无法通过标准的手段加以避免或矫正。社会性的压迫导致政治上的孤立与失败，这反过来又加剧了社会压迫。于是，一部分人发现自己公民身份、权利所有人的实质被否认了。这种剥夺危及了整个宪法秩序与社会秩序的正当性。

此时，"一般性矫正"平等保护通过禁止可能破坏宪法秩序之社会基础的立法来进行干预。这类立法使用法律范畴详细安排社会中各种等级秩序的区分,加剧了一个群体的不利条件,且这种不利条件无法通过选举这一正常的政治手段得以矫正。

这一底层观念还可能被赋予好些不同的强调要点,然而,如果这些要点差异过大,它就不再能搞清楚如下两种塑造"一般性矫正"平等保护的概念工具是什么意思:第一,承诺消除或减轻各种例外的、难以补救的群体性的不利;第二,采用一种学说,以禁止国家参与强化导致此种不平等的分化与等级体系。

明确表达这一底层观念,在很大程度上已经败坏了它的信誉。怪不得那么多足智多谋之士一直都尽力不讨论它。我们首先考虑这一观念作为有关社会与国家能够或者应当是什么样子的观念,其可能受到的一些一般性反对。我将列举几种论点,突出它们的共同主题;它们的阐释可能需要一种综合性的社会理论。

第一,这种观念假设,有一种方法可以塑造经法律限定的社会制度安排,以使它们接近于一个具有互惠性、协调性的纯粹结构。这一框架结构允许人们相互交易、彼此联合、频繁改变社会身份,所有这些都处于宽广的道德容忍极限确立的广泛限制范围之内。一旦这一框架结构建立起来,个体就会发现自己可以自由改变社会身份。国家只需要矫正现有秩序运作中偶然发生的故障或瑕疵。但是,这是对人类交往自然的、前政治的形式的徒劳探寻,将这种形式等同民主的既有版本也过于轻率,这妨碍了民主直接面对某些有可能让其更接近所宣称目标的挑战。

第二,将政治狭义地界定为围绕政府权力之掌控与使用的制度化冲突,这一政治观念也基于同样的理由而失败。它的目标是创建一种政治程序,作为一个不偏不倚的手段,用以概括个体有关

六 两种学说模式

国家在前述社会类型中适当角色的意志。承担这一任务的代议制政府被精心设计,以防止一时被激情冲昏头脑的多数人操控,他们受到煽动者或傻瓜们的误导,可能会破坏底层的纯粹权力结构和协调结构。然而,由于不能轻易破坏社会秩序,政府就同时成为社会秩序的受害者和守护人。此种安排就变成了一种遍布偏见的集体性选择方法。寻求一种用以概括公民意见的中立方法,使我们偏离了一种更为现实的努力:创设一种政体,它实际上可能更容易自我修正,也更有能力拆解既有或新兴的任何固化社会角色与等级结构。

第三个反对意见涉及这一底层观念描绘的社会世界与其主导性人格形象(或人们间关系的形象)之间的关系,这种人格形象证立了这一社会世界,而社会世界的各种制度又反过来呈现和保障它。这是一个在各种不同的生活方式、人格理念之间保持中立的世界,至少在那些不需要压制的方式和理念间是如此。可是,这个目标难以实现,原因恰恰就在于,其提议的社会组织形式不可能是人类交往的纯粹结构,它青睐的政治模式也不可能是一种概括意见的无偏见方法。寻求一种不关心人格形象选择的社会世界,阻碍了去建立其制度实际上呈现或鼓励了更包容、更值得辩护的人格理念的社会。

所有这些反对意见以不同的方式展现了同一主题。它们戏剧化地呈现了一种危险的无用功——寻求社会与政治生活的永动机:试图逃避判断、修正的责任,包括判断、修正有争议的具体社会生活形式、限定这些形式的制度安排,及其实施的有关人之自我与人类联合的愿景。这种追寻只能实现表达歉意的目的。它构成了此前描述的各种近代客观主义的主要元素。它继续让我们与发展更少偏见、更可修正的概念与安排渐行渐远。

与其说这一底层观念作为一种有关它能够或者应当成为什么样子的有缺陷的解释，不如说它作为一种有关社会已经是或接近于是的错误图景，更值得直接批判。之前提到的针对既有民主版本的内部论证过程中的所有因素，在这里又都相关。尽管确认这些因素可能还需进一步的经验研究，但它们在很大程度上不依赖反直觉甚或特别有争议的观念。非常奇怪，这一底层观念似乎不仅与左翼或其他叛逆分子的经验性信念相冲突，也与有关社会实际上像什么样子的普遍意见相冲突。

平等保护理论中有关社会现实的各种假设与社会生活的日常经验之间的明显不一致在下面这一点上达到了顶峰，即让有关社会的经验前提更加现实的需求与不破坏政府制度安排的压力之间的冲突。如果结果证明不可弥补的不利条件诱发广泛应用"一般性矫正"的平等保护，那么下面这两个令人不安的结论之一就会随之而来。要么，司法机关不得不承担更大的责任以修正立法的结果并通过司法审查改变社会的权力结构。尽管它是"最不具有代表性的部门"，但它很快就发现自己卷入了一种巨大的、审查性的超级政治之中，这种超级政治会摧毁宪法与宪法实践建立起来的普通派系政治和立法政治。要不然——似乎更合理的是，考虑到司法权力受到的限制——法官也许只是简单地拒绝承认或矫正这些不可弥补的不利条件。那么，这些不利条件将会逐渐积累或固化。对拥戴既有秩序的主张以及底层观念具有可信度的主张，它们都会产生一系列长期的颠覆性影响。正如近来"自由主义"司法抱负及权力巅峰时期的美国经验表明的那样,这两种结果甚至可能同时出现:法官压缩了制度方案的空间,而社会生活却继续验证主流理论的经验假设是错的。

3. 美国的平等保护学说

上述有关平等保护及其预设观念的评论,也可以不同的变体形式适用于任何西方自由宪制民主国家。同样的观念甚至以改动后的形式复现于其主流法律与政治观念里没有宪法审查、接受立法主权的国家。我们现在考察二战以来美国平等保护学说的结构。分析的焦点是如下两种教义式的观念,它们处于"一般性矫正"平等保护核心方法的中心:识别值得特殊关切的群体,以及识别值得特殊审查的立法范畴。

当代美国平等保护学说的具体结构既不能从宪法中也不能从我前面几页分析的所有一般性概念和承诺中推导出来。任何精通这一智识传统、精通美国宪法史以及相关的美国社会文化特征的人,都无法预见到平等保护学说会以现在的形式出现。这一困难反映的,不仅仅是一切社会生活普遍存在的功能上的不完全确定性,也就是以不同的手段执行相同的实践任务或概念任务的权力。它还表达了传统法律分析具有的权宜之计特性,这一点由于宪法的简略性而更加突出。平等保护学说与自身理论假设之间混乱、不健全的关系直接导致了这种权宜之计的特性。

当前的平等保护学说包含三个相互关联的构成元素。第一个构成元素是一种有关立法上的分类及其所指涉社会群体的分类法,构建此种分类法的目的是为了确定司法审查在具体情形下是否适当。该学说将可疑的分类与允许的分类进行对比,这种对比有时会延伸至包括位于可疑与允许之间、必须谨慎对待的中间分类地带。

这些区分的要旨是以尽可能没有争议的方式表达一种有关美国社会和政治的极具争议的观点,从而满足底层观点的各项要求。因此,黑人以及后来与之类似的其他族群被挑选出来,作为处于不可弥补的、反常的不利境地的那部分人的首要代表,"一般性矫正"的平等保护主要就是为了保护这部分人群。"中间分类"的支持者考虑了女性作为司法审查适当受益者的情形,这种审查比对普通立法分类需要的司法审查更加警惕,却又不如可疑的分类所需的证立那么严苛。

那些立法上的差别对待又该怎样呢?它们直接或间接地涉及、强化了社会劳动分工中的固化位置,以及在获取财富、权力及文化方面系统性、不连续的差异。这种不平等当然不能说是例外。可是,它们的存在及其面临政治攻击时的韧性,是历史编纂学与社会科学共同观察的问题,是其分析、评论的素材。种族上与性别上的优势之所以最重要,是由于它们要比其他形式的社会分化与层级更严重,为这一论点辩护会使既有学说卷入无法轻易取胜的争辩当中。之所以将它们挑选出来是由于它们有生理基础,这等于是声称,除了其社会表征和法律对待以外,生理差异还有内在的固有意义。在这种语境下,如果能够侥幸成功的话,直接武断地、教条式地断言这些难以置信的区分,似乎要比努力用事实和理论支持这些断言更加明智。

当代平等保护学说的其他构成元素代表了一种对 19 世纪宪

法理论中的客观主义的复古。该学说的第二个构成元素关涉各种根本利益,这些根本利益是诱发高度司法警惕之存疑分类的功能替代。在美国宪法所建立的那种国家,精心设计委托给司法保护的根本利益体系,必须是一个中立的民主政治框架。它将标识着一套社会关系的构成性要素,以及内在于一个宪制民主规划的一套国家与社会之关系的构成性要素。它不能代表法官自己对民主政治适当限度的看法。一套不完整的根本利益体系只是这种框架的一个铺垫。此外,为了开展"一般性矫正"平等保护的具体工作,它需要区分可允许国家用以维持群体性不利的方式与不被允许的方式。因此,平等保护学说的第二个元素甚至比第一个元素更加教条式地(虽然不那么直接)预设了底层观念。

该学说的第三个构成元素是,一个与分类或基本利益等级相关联的政府目标等级体系。只有一个"令人信服"的国家目的才能证立对根本利益的侵犯或对可疑分类的使用。一个正当的国家目的足以推翻一种普通的利益或批准一种普通的分类。除非这一政府目标等级体系表达了一种有关政治必需或政治权宜的非常危险的特别判断,否则它就必定援引了关于国家与社会之适当关系的系统观念。如果该观念支持用一种类似于将当下平等保护学说奉为圭臬的方法去分配集体性的不利条件,那么它又必定与底层观念相似。

对当代美国平等保护学说的简要分析表明了底层观念是如何在一套具体的教义式观念体系中具体化的。它还通过一个例子表明了,现代法律分析如何或者为什么会呈现出其典型的残缺不全、捏造不实的形式。虽然一旦脱离对其认为理所当然的国家与社会的规范解释与经验解释，这些教义式观念既不是无可争议甚或也不是完全可理解的，但它们通常却是在没有明确参照这一解释而得以表达、应用和发展的。明确参照可能会使法律论证陷入开放的经验性、规范性争辩，而这会使底层观念受到广泛的基础性攻击并且摧毁法律分析与意识形态冲突这一让人珍视的对比。但是，心照不宣地默默参照，又会将这一学说简化为一系列貌似教条主义的假设和武断的区分。

4. 平等保护的反思与重构

赋权民主的制度与概念体系中最接近平等保护的对应概念是有关打破现状的权利的法律和学说。打破现状的权利意味着以本书之前概述的国家、社会及人格的观念取代底层观念。我们可以通过对现有理念和制度的内部批判和重新安排来发展这种观念。然而，在该内部演进的过程中，我们将需要彻底放弃寻求一种政治永动机。相反，这种修正后的观点集中于努力建立一种社会生活的形式，展现一种有关自我与合作的更站得住脚的观念，同时最大化社会制度的可修正性。现在，法律分析可以问心无愧地与其底层的理论假设结合起来。陈述说明这些假设并不会削弱学说的根基；如果观念还是可争辩的，那么这种可争辩性也是浮在表面上的，而不是处于更危险的隐蔽状态。

打破现状的权利对政府权力提出的权利主张是，政府有义务破除那些只有自身隔绝于一切革新性挑战和冲突才能存续的分化与层级形式。政府应当以"一般性要求"与"一般性矫正"的平等保护来履行这项义务，但是不需要现有学说那些变幻莫测的区分与限制性的前提。保护个体免遭歧视性迫害这一"一般性要求"的关切,将扩展为保证个体充分界定的豁免地位不受任何威胁。通过审查立法性的分类来矫正难以弥补的集体性不利条件,这一"一般性矫正"的主题,将以两种方式得以拓展。它将把自己从关注挑选某些类别的群体性的不利(比如美国法中的种族、性别)而排除其他类别(比如阶层)这一极为武断的选择难题中解放出来。它不仅仅只是在政府行为的有限领域中矫正具体的集体性不利条件,还要设法打破与改造后的宪法计划相悖的整个制度生活和社会实践领域。

打破现状的权利这一观念与其所属的更大规划一样,是一种社会理念与有关该社会运转的各种信念之相互作用的结果。这些信念中最突出的命题是,免于广泛的基础性冲突——无论是出现于国家权威层面的冲突还是实际生活日常事件中的冲突——构成了固化特权与不利的必要条件。

打破现状的权利所具有的延展性有可能会加剧已经困扰着平等保护法律的一种紧张。尝试分析这种紧张可能如何化解将给勾勒打破现状的权利体系提供机会。如果不用上述的方法扩展平等保护,将会让改革后的制度秩序无力抵抗其完整性受到的主要威胁:通过运用政府权力将暂时性的优势转变为永久性的特权而出现的各种新型集体性压制。一旦这种新兴特权形式取得成功,那么社会向集体冲突、集体审议的开放性,甚至会使其更具有渗透力和危险性。

然而,如果平等保护学说越是进一步朝着上述方向前进,就越发会限制执政党试验社会、经济组织新举措的能力。对于想要通过集体冲突、集体审议增进社会生活革新机会的宪法而言,这种限制更具损害性。这个问题不可能有各方满意的解决办法,因为它从根本上来源于各种目标的冲突。可是,通过区分打破现状的权利得以运行的两种方式也许可以缓解这一紧张。两种运行方式都具体说明了一种打破现状权利的独特类型,每一种都是由特定的环境触发的,又都遵守各自不同的指导准则。

有时,一项打破现状的权利可以通过使现有法律直接失效而起作用。为了尽量减少对革新机会的限制,此种无效审查应该只限于特权固化非常严重的情形。由此,在法律直接或间接威胁到个体的豁免权的情形下,宣告无效将成为追索救济手段。这种威胁可能来源于强化了一群处境相似的个体无法轻易克服的不利境地。由此可以说,打破现状的权利代表了对豁免权的保护;豁免权是一系列复杂的政治、经济和公民权利,保护个人的基本安全不受社会世界一切权力的侵害,让个人能够在确保试验主义不会危及其核心利益的情况下接受更宽广的社会冲突领域。调整豁免权这一打破现状权之子类的原则可能会发展出一种有关豁免地位之最低社会与制度条件的观点。

打破现状的权利也可以以另一种更加有限的方式运行。它不是直接使法律无效,而是彻底瓦解特定制度或局部社会实践领域内的权力秩序。需要被瓦解的权力秩序,已经违背了调整社会和经济组织的原则,实际上却又不易受民主冲突的干扰。结果,它们就会像私人权力堡垒腐蚀现存的民主国家一样,摧毁各种民主程序的力量。这种防止冲突的地方性社会实践形式,可能是长期以来许多立法性法令而非某一部法律的结果。另一方面,任何特定法令在其众多适用情形中也只是在少数情况下才可能导致最为严重的权力固化后果。指导这部分法律分支演进的准则,将在影响赋权民主中的社会、经济组织的原则中得以发现。

这两种打破现状的权利很可能由不同的国家部门实施。第一种类型,也就是旨在保护个体的直接使法律无效这一较窄的模式,可以由一个类似于当代司法的机构来维护。然而,第二种打破现状权的阐释和实施,必须要有一个公共机构甚至是一个确切的政府部门来关注,因为这类机构或部门才有更多的资源可支配,才能承担更直接、更广泛的基础性责任。

打破现状权利的全面发展以国家和社会的制度组织、支配性政治和法律观念的性质发生深远变化为先决条件。它不能一下子简单地嫁接到现有的法律上,当然也不能只通过零散、局部的学说发展来实现。但是,这一看似大胆的计划却可以用来指导现存法律中的相应规则、原则和概念体系的批评和发展。这种相关性的基础是一种虽然松散却真实的连续性。正如整个制度规划构成一种超自由主义的组成部分一样,无论其潜在含义多么激进,打破现状的权利这一套独特的学说也代表了现有法律与法律思想的一种可辨识的延展。

第一类打破现状的权利可以当作"一般性要求"平等保护、大多数"一般性修正"平等保护以及现在几乎与平等保护法没什么关系的大多数公民权利及政治权利领域的组织性、生成性原则。另一类打破现状的权利可以吸收某些"一般性矫正"平等保护的风格,同时避免使法律完全失效。它将表明,近来美国法院发展出来的禁令救济这些大胆的形式,如何能够在一种延展了的平等保护观下获得一种概念上的基础和方向。

这种观点之所以会更具有吸引力,是因为它不需要正面对抗现存政府体系的制度逻辑。当然,制度的设置、渐进的学说偏见以及当代政治和文化中各种力量的相互关系,都对以两种打破现状的权利这一形象重铸平等保护法施加了限制。然而,这些限制既不涉及诸多高远的原则,也没有形成各种清晰可见的边界。当代许多法律分析还沉溺于从各种制度角色理论中虚幻地推演出各种实体性的正当原则,但它们与此没有什么关系。

5. 学说的权威及其现实主义

此前的整个讨论都是在两个限制性假设的基础上进行的,现在应该明确说明这两个假设。第一个假设是搁置对规范性论证可能性的怀疑。一旦将打破现状的权利体系这一修正后的平等保护进路置于此前提出的各种批判性与建构性观念的语境下,其就是一种规范性论证方式。这种规范性话语模式有望不仅只是稍加遮掩的有关权力与前见的断言。

对各种基础性的底层观念——国家与社会观、那些既可能又可欲的人类联合形式的规划——的选择,也许只是法律论证的一小部分,但是一旦我们越过最为受限的争议,它就成为一个关键部分。在它所使用的内部演进方法和可能偶然为它提供出发点的想象性理念中,它的权威都还不确切。在每个迈向更具体分析层次的关键时刻,都可能合理地得出不同的结论。每一要点的基础都还有争议,每一要点的含义都还是松散的。在某些人看来,这种观点非常危险地近乎怀疑主义。然而,你可以像曾经看待喜剧那样

六 两种学说模式

来看待规范性论证：它不是从真相而是从绝望中死里逃生的。强调的重点是逃生之路的狭窄性，你甚至不能确定你最终是否逃出来了。唯一有未来的规范性论证也许就是那种接近怀疑主义却又不被其吞噬的论证。相较于我们所熟知的那种在夸夸其谈的道德教条主义与几乎不加掩饰的道德怀疑主义之间交替，这一观点要好得多。

另一个限定这一学说与反叛正统的"异端"学说其他版本的假设是，我所论证的特定结果永远不可能通过一种学说反叛而胜出。即便有了司法支持，这些观念要想开花结果，也还需要以下条件支持：国家与社会的主导性观念的转变，根据这些转变了的观念试验性地重塑特定的制度环境，赢得司法以外的其他政府权力部门的支持。如果没有这种支持和呼应，无论是司法语境之内还是之外的法律学说演进，都只是创造了暂时的、有限的实践机会，却赋予了一种不那么好辨别的理念以具有说服力的专一性。

第二个假设有一个推论，可以用回答一种反对意见的形式来表述。以之前讨论表明的方式将学说论证与意识形态或社会理论争议公然紧密结合，有很大的风险。事实上，如果不正确，一种完全不同愿景的捍卫者们可能会赢得胜利、掌控当下。因此，反对意见主张，以一种形式主义和客观主义学说的修正版本来阻止他们可能是有益的。

这个反对意见误解了理性与民主的关系。诉诸一种虚假的概念必要性可能只是战术上的权宜之计。然而，归根结底，无论谁是宽广的学说之争的暂时胜利者，都只是代表了我们事业的一种失败。因为这种呼吁始终将特定的制度安排或想象性假设所不具有的权威归之于它们。由此,它有助于吸引社会世界中的如下这些人,他们对动乱的抵御是社会世界里优势等级及其压制实践的对立面。对这种有关社会生活之误解的每一次攻击,都是对我们献身于其中的这一规划的有力打击。

§2 从制度规划到学说范例:合同、市场与团结

反叛正统的"异端"学说的另一个范例服务于两个目标。它与第一个范例一起赋予这一延展后的学说能够采取的各种广泛形式以各自的意义,同时也强调了这些形式的共性。它还具体发展出了团结权、市场权的观念,我在此前的制度规划中已经提出了这两种观念。这两个范例结合在一起,提供了有关公法与私法的一种系统性愿景的轮廓,这既是当下也是变革后的法律的愿景。现在,与之前一样,重要的是不能混淆学说实践的模式与它适用于其中的素材:同样的模式可以运用到任何法律部门。可是,某些反叛正统的"异端"学说的变体在特定的法律领域要比在其他法律领域运行得更好。模式与素材的关系隐含着一种适宜性判断。我这里使用的素材来自于当代美国法,但如果稍加调整,还可能取自于几乎任何普通法或民事司法管辖领域。

1. 被瓦解的合同理论

这里所讨论的问题包括所有那些当代法律思想视为合同议题的问题。可是,我这里的论证远远超出一直占据我们支配地位的

六　两种学说模式

合同理论的范围。因为随着时间的推移，这一合同理论的适用性受到了几个限制。首先，逐渐排除了一些情形：诸如家事法、劳动法、反垄断法、公司法甚至是国际法等整个法律领域，一度被认为是统一的合同理论的分支，后来逐渐被视为不需要被合同理论吸收的范畴。其次，有一些例外情形：像信托关系这样的社会实践与法律体系，就属于合同核心领域内的一套反常原则。最后，还有一些抑制因素：比如长期合同交易的问题，虽然拒绝采用主要指向一次性、短距离、低信任交易的理论提供的解决办法，却也还是经常采用临时偏离主导性规则和观念而不是通过明显不同的规范来处理。

当你把这些排除、例外和抑制叠加在一起，你就会开始好奇传统合同理论究竟在什么意义上占据支配地位。它看上去似乎是一个帝国，其所宣称或感观上的权威远远超过其实际的权力。不过，这一理论至少还在一种重要的意义上继续占据着支配地位：它迫使所有其他的思想模式通过与其进行对比来否定性地界定自己。这种智识上的支配性最终导致了重要的实际影响。

接下来论证的一个主要目标就是揭示，一套具有内聚力的单一观念如何能够涵盖这一问题的整个领域。然而，这一论证的主要关切是推动发展一个规定性视角——各种更为清晰、融贯地理解合同及相关领域的概念工具。它想要用能够在一种统一进路下说明或证立不同实际问题之独特解决方案的观点，来取代专横的理论与失控的排除、例外和抑制之间的对立。如果它能够执行这项任务，那么提议的阐释就将在自身说服力的一般化概括游戏中击败公认的理论。一如在法律学说的情形下所预料的那样，新的

144

阐释伴随着新的评价:同样的观念能够有效地重新统一和重新组织合同问题的全部领域,也有助于质疑既有思想的各种规范性承诺。

古典合同理论对于那些致力于寻求一种法律计算的法学家们一直都有诱惑力,他们认为法律计算能够形成自由人际交往的中立规则。出于同样的原因,它也对强调法律分析与意识形态冲突之连续性这种学说观念提出了最有价值的挑战。对于一种看似无关政治的技术,尝试穿透其内在防御的代价面临更大的复杂性。平等保护范例处理的就是社会总体制度结构的一个方面。下面的讨论必须处理一部分社会生活微观结构,并努力达到这一结构的法律审视所必需的精细程度。

我的分析分为五个步骤展开。第一,列举两对影响了整个法律体系的主导性原则及与之对立的原则。第二,考察法律中的争议点,重点聚焦于主导性原则及其对立原则之关系的模糊性。虽然对立原则可能只是被视为对主导性原则的限制,但它们其实也可以成为有关该法律整体领域的不同组织性观念的出发点。第三,通过讨论义务来源理论及其暗含的权利进路,分析概括这一可供选择的替代观念。第四,通过将这一替代观念应用于为其最初表达提供背景的争议点以外的各种问题,对之进行检验和完善。第五步也即最后一步,在某种意义上也可以放在第一步,为所有分析步骤的前进方向提供一个更加完整的回溯性论证。但是,要理解内部演进就要看到,为什么通过渐进累积的阐述、一般化和修正,而非从已经成熟的各种成就中进行推演,能够一点一点地完成正当性证明。从整体上看,批判性学说的这种实践是例证颠覆性思维最典型的做法:为了使某种愿景随着自我转型的过程越来越清晰,将反常型塑为主流。这一愿景终将重新定义它一开始致力于推进的利益和理想。

2. 原则及其对立原则:缔约自由与共同体

合同法及其学说大部分可以被理解为表达了少数互为反对的观念——原则及其对立原则。这些观念将更具体的法律规则和标准与一套背景性假设联系在一起,这些背景性假设关乎人们在不同社会生活领域中能够或者应当如何处理彼此之间的关系。原则及其对立原则不仅仅是理论好奇心的人工产物。它们暂时解决了法律中那些普遍存在的模糊性。但是,只有作为一种关乎既可能又可欲的人类联合之背景性计划的总体陈述,它们本身才能得以掌握和证立。因为只有这种更深层次的背景才能为这种互为反对的原则及其对立原则的相对范围、独特内容提供指导。由于传统的法律分析方法致力于学说与意识形态或哲学之间的对立,它们几乎始终如一地倾向于不明确提及规则与原则更大的想象基础。它们以武断的教条主义为代价获得了一种虚假的高度确定性。

为什么这些支配性的观念会以原则及其对立原则的对抗形式出现呢?这种对立本身就能单独产生一套将不同的人类联合模式适用于不同社会生活领域的法律及法律思想体系。对立原则至少能明确原则的位置,防止原则帝国式地扩张至所有社会生活。一旦意识到对立原则的关键作用,就不可避免要诉诸一种有关既可能又可欲的人类联合图景的更大视野。由于传统的分析至少想要避免(即便现实并不如人愿)出现这种诉诸,它也系统性地淡化了对立原则。

合同及其相邻领域的主导性观念的结构可以被表述为两对原则及其对立原则的形式。如果我们关心一个具体的合同问题,那么我们可能需要许多中间层面的推理来完成这个论证。

第一个原则是订立或拒绝订立合同的自由。更具体地说,这是选择你的合同伙伴的能力。可以简称为"缔约自由"。转让法则对合同相对性原则施加的限制表明,即便我们认为当下主导性的市场组织形式是理所当然的,缔约自由原则也具有某种意义复杂性。将一体财产权看作权利本身的典范形式、认为部分财产可以在一个非人格化的市场上自由买卖,在这样一个体系中,对财产可转让性的限制必定是有限的。法律必须将合同关系当作好像它们无力对这些关系涉及的各种有形物或无形物(包括他人的劳动)烙上永久特征一样。从任何角度来看——无论是缔约自由的一般意义,还是现有市场类型的实际需求,抑或是经济主体的实际行为和动机——人格理念与非人格理念之间的对抗都分别体现在相对性和可转让性原则中,这与其说表达了缔约自由原则及其对立原则之间的冲突,不如说表达了该原则本身内部的不协调。这种不协调能够通过许多实际妥协来解决。

然而,其他法律及学说的领域的确为了一种完全不同的观念,限制了缔约自由原则。它们具体表现为一个对立原则:选择合同伙伴的自由不得颠覆社会生活的公共方面。

这一对立原则的一个实例发生于强制性合同领域以及与之类似的其他法律情形。自愿进入一个与另一方的交易过程,会使得一方违背该交易产生的特定预期时承担责任(先合同责任或缔约过失责任的情形)。或者,具有某种身份、从事某种职业(比如医药)可能会导致特殊责任并证明特殊预期的合理性。无论这些情形下的责任被描绘为合同的还是不法的[1],它都来源于基于角色的相互关系,而不是来源于充分表达的协议或政府规制的直接运用。

这一对立原则的另一个例子出现在确认下述这种义务的规则及其学说体系中:一方因另一方基于自己的承诺产生合理依赖而对之承担的义务(禁止反言义务)、返还"不当得利"的义务(准合同义务)。信赖利益保护表面上适用于已订立的双边协议无法实现的那些情形。许多有关恢复原状的规则,也与在严密的交易或毫无防备的情况下违反信赖一样,具有相同的赔偿性质。因此,信赖规则与恢复原状规则,都能用来防止缔约自由原则的责任界限过于严格和狭窄而致使互惠性这一细微结构完全得不到保护。

可是,对立原则最具启发性的应用在于第三个领域:不鼓励在非商业环境下订立合同的合同法规则。这些规则表达的是不愿让合同法侵入家庭和友谊的领域,以免损害它们特有的团体品质。让我们通过调整解释合同目的的规范来间接探讨这个问题。这些规范比任何其他规范都要清楚明了地阐明了缔约自由原则的边界以及这些边界所暗含的商事领域内外的社会生活愿景。

在当代英美合同法中,第一层次的一般性规则是,受法律约束

---

1 不法过错(delictual fault),在英美法上指彼此之间没有合同关系或其他直接法律关系的人之间发生的并因此而在他们之间产生某种法定义务的行为。——译者

的意向申明可能会落空，而不受法律约束的意向申明也可能有效。那些在残酷的商业世界里致力于自身利益的人，被假定希望得到一切帮助，以使自己能避免被那些他们正在与之磋商合同的人误导或伤害。

第二层次的规则指导和限定第一层次规则的解释。在任何可能的情况下，法院都会以保护正当信赖的方式解释合同目的，并将合同双方理解为他们处于彼此依赖的情形之下。因此，如果交易是长期的分期交付，并且一方严重依赖于产品的持续供应，那么法院可能矫枉过正地尽可能严格解释责任免除。

第三层次的规则限制第一、第二层次规则的范围。作为第二层次规则的一个限定条件，它肯定了旨在避免将一方交于另一方之手而解释合同目的的冲动在非商业环境中将会受到抑制。作为第一层次规则的一个限制，它推翻了家庭生活与友谊中的目的受法律约束——需要明确的意向申明——这一推定。据说，"社会安排"要么几乎不意图产生法律后果，要么就不应当产生该种法律后果。目的应当据此进行解释。

从某种意义上说，第三层次的规则优先于前两个，因为它决定了前两者的适用范围。它显而易见的正当性在于，试图保护私人共同体，使其免受法律及其带来的严格限定的权利义务体制的破坏性干预。关于私人共同体为什么需要这种保护的正当理由，只有弄清楚构成缔约自由原则及其对立原则相互作用之基础的愿景，我们才能解释说明。

需要注意的是，尽管法律不支持家庭成员间讨价还价的交易，但它鼓励家庭成员间的赠与。因此，普通法的对价学说充满了例外,比如,旨在促进家庭内部奖赏的道义对价[1]原则。有破坏家庭义务之嫌的捐赠行为(比如已婚男子对其情妇的赠与)、在没有相竞争的继承人或债权人的权利需要保护时家庭成员间的赠与(比如父母对子女的赠与),对前者的敌意与对后者的热心形成鲜明对比。正如古典合同理论将这种家庭内部的交易描述为反共同体自利的有益产物,它也将赠与当作一种工具,要么是维护共同体内的慷慨的工具,要么是防止共同体规避法律的工具。

合同法的原则及其对立原则的关系可以解释为,表达了有关人们能够或者应当如何在合同法触及的社会生活领域内相互交往的两种不同观点:其中一种简单粗暴、易受批评,另一种更为精妙、较为合理。简单粗暴的观点在试图将合同排除在"社会安排"之外的那些规则中得以最清晰地展现。它将私人共同体的理念同契约自由的理念截然对立,前者注定主要在家庭与友谊的环境下实现,而后者则面对利己的商业世界发言。社会领域被明确描述的那些丰富的属性,被认为几乎完全不存在于经济领域。在社会领域中蓬勃发展的共同体形式,也就是互相忠诚与支持的岛屿,既不需要也不能容忍许多法律。因为这一观念里的法律是一套严格限定的权利体制,它划定了自主行动的领域。

严肃的工作世界之外存在一个共同体关系得以蓬勃发展的经验领域,这一观念可以用来证明实际生活沉沦为最严厉的利己主义。这种沉沦的诸多前提让人回想起《威尼斯商人》(*The Merchant*

---

[1] 道义对价(meritorious consideration)是充分对价(good consideration)的一种,指建立在道义上或人类天性及感情基础上的对价,通常不足以强制执行某合同,是有价值的第二级的对价,具体如捐款、还债、抚养妻儿等,又写作"moral consideration"。——译者

of Venice）里威尼斯与贝尔蒙特之间的反差。在威尼斯,人们订立合同;在贝尔蒙特,人们交换婚戒。在威尼斯,人们通过利益联结团结在一起;在贝尔蒙特,人们因共同情感团结在一起。威尼斯的财富和权力依赖于其法院是否有让人们守约的意愿,贝尔蒙特的魅力在于为其居民提供了一种合同在其中很大程度上尚显多余的共同体。威尼斯之所以是可以忍受的,是因为其市民偶尔可以逃到贝尔蒙特,从诉诸威尼斯式的正义转而诉诸贝尔蒙特式的怜悯;可是,贝尔蒙特的存在又恰恰以威尼斯的繁荣为前提,它的居民们从威尼斯的繁荣中获得生计。这就是古典合同理论声称要描述并试图加以界定的生活形式,一种分离了受国家监管的交易领域与家庭、友谊等私人领域（虽然并非完全但在很大程度上超出了合同的范围）的存在。这种生活形式的两个部分彼此否定,却又相互依赖。每一方既是对方的伙伴,又是对方的敌人。

这一对比更大的想象性背景是,一种区分各种人类关系体制的社会生活愿景。这些体制注定要在不同的社会生活领域内实现：对国家与公民而言是民主,对家庭、友谊而言是私人共同体,对工作与交换的日常世界而言则是合同与非人格性技术等级的结合。这一愿景最显著的特征是,它将更具道德抱负的人类关系图景排除在消耗了大多数人大多数时间的日常活动与制度之外。

这些被排除出去的模式就是民主与私人共同体。它们的道德抱负体现在承诺部分调和自我断言与依恋他人这两个互竞的主张——事实上,是调和自我断言经验本身具有的两个互竞方面。按照这一愿景的逻辑,任何让这些理念超出其适当的应用领域而延伸到日常生活的尝试都将遭遇灾难。不仅这种延伸会失败,而

六　两种学说模式

且使得更高的理念能在其基础上开花结果的各种实际条件与心理条件也可能在尝试过程中被摧毁。

仔细考察合同法与私人共同体之间的这种对立就会发现，这种对立依赖于经验性与规范性的假定，即便根据支配性的社会理念及对社会事实的当前理解也难以被证明。私人共同体理念最为主要的例子是家庭。古典合同理论由于两个原因在家庭领域会遇到麻烦，一个原因是明显的，另一个原因是隐蔽的，两个原因同样重要。与许多确立已久的意识形态前见一样，这些原因也兼具洞见与错觉。

首先，家庭理应依赖于某种情感联结、某种灵活的付出回报，而合同法由于其基于规则明确的权利义务分配可能会破坏这种情感联结与灵活的付出回报。家庭成员以正式的权利话语安排他们之间的关系，这一过程本身就证实、加快了家庭的解体。共同体生活需要高度关注不受限制的信任，而让权利与义务的界限自由浮动。它必须让对个人特权的珍贵守护服从于共享目标的促进与相互帮助的增强。

家庭作为私人共同体最具典范的核心，而合同是对共同体的否认，分离二者的另一个原因通常是隐秘不宣的。然而，它确实防止了这种法律观念和家庭沦为单纯的情感。19世纪的中产阶级家庭（或其被稀释了的后继者）构成了一种特定的权力结构。与所有权力结构一样，它要求其成员接受严重不平等的信任分配关系的正当性。在其最原初的版本中，必须允许丈夫享有监督、控制妻子与子女的广泛权力，就好像妻子、子女自己掌握自主权会危及家庭群体似的。权利的流动性之所以看起来似乎与家庭的维系与繁荣相一致,仅仅是因为上头有一个权威,有能力给这个团体指明方向。

古典合同理论的诞生就是为了对抗这种赤裸裸的个人性的、不平等的权力行使。家庭法可能还渗透着身份观念,专注于亲属之间的等级区分。但是,现代合同法是作为抽象普遍主义的最高表达而建立起来的。它反对个人权威作为秩序的来源,它在不信任中宣扬平等。平等主义、自利的议价和裁决机制,都不可能符合于权力与忠诚的非自由混合。

有关家庭与法律的这一主导性观念的这两个要素一旦结合在一起,就暗含了这样一种观点:家庭作为一种权力结构,因情感而高贵。无论作为情感还是作为权力,家庭都拒绝法治。如果家庭只是单纯的情感,它就会瓦解,因为根据这种观点,情感是不稳固的、无定形的。如果家庭只是赤裸裸的权力,不受情感的软化,那它也许就不值得保留。权威与情感的这种救赎性的联合,为法律或者说至少为合同秩序提供了替代性选择。它提供了一把万能钥匙,我们能够用以理解,在一个决不能假装自己只是威尼斯的一颗卫星的世界里,贝尔蒙特理应是什么样子,或者被承认为什么样子。

需要注意的是,家庭超越于合同的这一整个家庭观,依赖于一种贫乏的共同体理念与一种有关一般法律与具体合同的狭隘观点的结合。这种共同体理念在很大程度上从否定的层面界定共同体生活,认为它没有冲突。这种法律观则展现出审慎的不信任;它坚持明确权利自主的范围,权利所有人在该范围内可以按照自己的意愿自由行使权利,超出该范围则无权主张保护。合同与共同体之间这一颇具争议的对立导致的实际结果是,社会生活中微妙的相互依赖关系得不到充分支持,而这些依赖关系在被承认的共同体这一狭小领域之外能蓬勃发展。私人共同体本身带来的实际后果则是,重新将共同体理念等同于通常标识着家庭生活的依赖性和个人权威。这一结果解释了,为什么无论是在法律上还是事实上,共同责任在无情的交易世界里都要比在所谓家庭生活这一避风港里运行得更好。

合同与共同体之间的危险对立并没有穷尽由第一个原则(缔约自由原则)及其对立原则共存所表达的社会愿景。这一共存也暗含了一种源自社会依赖关系的义务观,无法跟合同与共同体之间的简单对立相协调。如果这一可供选择的想象性思路能够摆脱这一对立,它就可能为合同理论提供一种更好的基础。

3. 原则及其对立原则:契约自由与公平

现在考虑第二对原则及其对立原则。这一原则是,合同各方当事人必须自由选择其合同议定条款。除了特殊情况之外,这些条款不会受到法院的二次审查,至少只要它们符合界定契约自由体制的基本规则。(这个条件掩盖了多少概念上的麻烦很快就会清楚。)我们称其为"契约自由"原则,以区别于"缔约自由"原则。它的边界由其对立原则限定,即显示公平的交易不应当被强制执行。在探究这一对立原则的表现及其限度之前,理解这第二对法律观念必须解决的核心问题是有益的。

合同体制只是市场的另一个法律名称。一旦知识与权力的不平等累积到将合同关系变成了可见的权力秩序形式的程度,合同体制就不复存在了。合同当事人采取主动、为自己利益而进行谈判的能力必定是现实的。然而,承诺一旦出现知识或权力的不平等就立即将之消除,可能也会破坏合同体制。真实的市场绝不仅仅只是即时交易机制,具有同等的知识与能力的经济主体在其间等待下一次交易或从当前交易过程中撤出。市场交易中的连续成功在一定程度上体现为,知识或权力优势的日渐积累使其受益人能够在下一轮交易中表现更好。如果每个人都能被迅速恢复在市场秩序中的平等地位,那么负责这种恢复的方法就将变成真正的资源配置制度。这种方法将掏空市场交易的大部分意义。

首先,这两条边界——允许无限累积不平等与一旦它们出现立即矫正——似乎给解决方案留了一个巨大的中间地带,以至于它们很难限制市场体制的组织。在这两条边界范围内有太多的点都可以在容许与矫正间达成妥协。我们无法从抽象的市场观念中得出在这里而不是在那里画一条线的决定。但是,一旦将对这种紧张的分析同"市场缺乏任何内在的制度结构"这一命题相结合,两者的连带结果就开始变得更加重要。

随着市场制度特征的变化,这两条边界间的距离不会保持不变。某些市场体制在其实际的社会、政治环境中,可能经常产生或包含如此多的不平等,以至于最低限度的矫正甚至比最大限度的矫正还要多——前者本来是防止市场体制沦为权力秩序所必需的,而后者本来与去中心化的市场决策自主性相容。(注意与之前有关不平等与平等保护之论证的相似性。)

其次,解决办法是,改变市场经济和民主政治的制度安排,按照我之前勾勒的思路实现市场民主化、深化民主。在还没有此种修正的情况下，我们可以努力采取积极措施为这一方向做好铺垫。这些积极措施可能筛选出需要特殊对待的最为严重的问题（例如，在劳动法中作为一种补充一般合同法的方法，用以解决就业关系中的不平等问题）。又或者，它们也可能青睐一些模糊的、建议性的标准或口号（比如诚实信用、显失公平），每当不平等有可能掏空合同的实质意义时，这些标准或口号一旦结合具体语境加以阐述，就能支持对合同条款的特别调整。这两种回应都能限制矫正合同法核心部分所产生的颠覆性影响，尽管合同法的这一核心正在萎缩且漏洞百出。

有几种相辅相成的方法可以判断一种特定的经济秩序是否以及在多大程度上遭遇了这一问题。第一种也是最重要的方法，对市场关系的经验研究，超出了本书的分析论证抱负。这里之所以提到，是为了提供一种机会，以谨记经验性的社会描述与解释是反叛正统的"异端"学说的一个完整部分。第二种判断方法，界定所讨论的市场经济具有的制度特征，这是我之前纲领性讨论的一部分。下文将探究第三种判断方法——解释可以代替制度重建的各种特殊解决方案。

让我们考虑一下"公平"这一对立原则在最明显的两个应用领域中采取的形式：一是那些调整因情事变更、重大误解而解除合同的法律；二是调整受胁迫合同的法律，其问题延伸到劳动法。在每一个领域中，公平观念都有不同的含义。它包容性的含义是这些以及其他具有松散关联之内涵的总和。

一方或双方可能赋予其交易对象以某种它本身并不具有的属性。相反，他们也可能忽略其交易对象本身具有的某种属性。一份可履行合同订立之后发生的某件事情可能会改变,甚至是从根本上改变合同履行的相关价值。在任何情况下,实际价值与预期的或设想的价值之间,总是会出现差异。那么,由于对当前或未来的误解产生的扭曲在什么情况下是修改合同的正当理由呢?解除合同时,是让损失定格于实际发生的地方还是应当发生的地方,可能产生一种至少与严格履行初始协议一样武断的结果。因此,如果要修正合同,真正的问题就变成应否以及如何找到另一种分配利益与损失的替代方案。如果要反对修正合同,你就可以主张说,一切合同都是一些猜测,各方当事人凭此想象有多少东西在未来可能对他们有价值。然而,这一论证的外部限制就在于,预设了当事人意欲承担这些风险。

这一问题通常来源于合同法应当加以保护的预期所具有的模糊性:预期可能是某种特定履行的利益,也可能是这一特定履行体现的交换价值的利益。即便履行方式为金钱给付,其模糊性也不会消失。货币本身的重要性在于它的交换价值,但这一价值可能遭受根本性的、意想不到的错位。

如果法律将日常交易中的各方视为风险偏好、坚守下述逻辑——事物的价值只在于双方在具体交易中赋予它们的价值——的赌徒,那么问题就迎刃而解了。可是法律拒绝那样做。反对意见认为,这一拒绝只是解释了一方的意图,并非施加了一种独立的公平观念,对此有两个回答。首先,鉴于不可能讲清楚一项交易的所有前提条件,意图绝不可能是充分的。其次,拒绝极端赌徒观念的同时,法律致力于寻找最低限度的对等标准,这种标准将超越特定交易的各种条款。我们需要这样的标准,来分辨什么时候出了

六 两种学说模式

问题、什么时候纠正它们。

法律对这种标准孜孜不倦的寻求之所以尤为显著,是由于它流露出了一种设想一个替代的组织化市场本应当如何运转的意愿。作为幼稚的经济理论家,法律客观主义者声称,我们只需要描绘一个没有缺陷的市场的运作方式。客观主义的批评者知道,更为去中心化的市场可以以不同的方式被去中心化,并产生不同的效果。他承认,对修正标准的选择已经潜在地卷入到要在无限多、可想象、更完美的市场中选择其中一个,其中每一个都有其独特的制度预设。那么,这一设想的市场就将为完成、改变或取代现有市场中的交易提供判准。

"公平"这一对立原则再次出现于监管交易过程的规则与学说之中。一项协议只有来源于有关各方在必不可少的最低限度自由下做出的深思熟虑的决定,才是可执行的。这一策略显见的吸引力在于,它似乎不需要对合同履行的对等性进行二次审查。它因此也把干预主义矫正对市场的破坏性影响降至最低。此外,它只是把对中立程序的寻求延展至合同法,中立程序代表了既有制度的传统自由主义情形和主导性的自由主义政治哲学方法的特点。

这种寻求在这里与在其他地方一样遇到了麻烦。麻烦的关键在于,为了协调交易的理想图景与市场经济现存的制度形式,我们必须做些什么。然而,这一调和企图最终需要偶尔、间接对合同条款进行监管,而这种监管恰恰是交易过程重点想要避免的。再没有其他合同法分支比有关胁迫的法律规则对这些主题的呈现更清晰的了。

英美法上的胁迫学说横跨围绕其传统领地的三个领域。它是在极为异常的不平等(溺水者的情形)与结构性的不平等(穷人的情形)之间的界限之上发展而来的。它更愿意以诚实信用标准限制正式权利的行使。它也或多或少更直截了当地关心合同履行的大致对等性,尽管它经常将严重的不对等单单当作触发对交易过程进行更严格审查的诱因。

这种多重扩展引起的典型后果是,形成了经济胁迫学说,议价能力是其核心概念。根据这一学说,每当当事人之间存在严重的议价能力不平等,一项合同就可能因经济胁迫而可撤销。然而,议价能力的严重不平等,在现存市场经济中太普遍了,这一事实不仅存在于个体消费者与大型公司企业之间的交易当中,也存在于企业自身在规模、市场影响力等方面的巨大差异当中。因此,经济胁迫学说必须扮演一个流动委员会的角色,以矫正一种无所不在的不平等中那些最过分、最公然的形式。

该学说未经证实的假设是,为防止合同体制沦为一种权力秩序而采取的矫正性干预,其数量不能过多,以免摧毁通过合同实现决策去中心化的活力。如果这一假设被证明是错误的,那么矫正与放弃矫正之间的任何折中都无法实现其意图的效果。唯一的解决之道可能恰恰就是这类折中打算避免的那一种——重塑界定市场经济的制度安排。

该问题的理论表现是经济胁迫概念的模糊性。为了防止修正后的胁迫学说失控、矫正几乎所有的事情,代价是在可撤销合同与不可撤销合同之间划了一条不稳定的、未经证明也无法证立的界限。结果,法律也采用刻意的不确定性这一策略来划定这些界限,尽管它也可以像经常在其他地方所做的那样采取精确却权宜的区分来划界。

然而,经济胁迫的这种模棱两可至少在一个社会生活领域内行不通,那就是劳资关系。在那里,这种合同形式有很大可能变成隐匿不受约束的权力现实的幌子。如果劳动者不被允许组织起来进行集体谈判,那么,在这一社会生活的核心领域,合同模式与经济现实之间的明显差异就依然巨大无比、确定无疑。于是,很显然,唯一能够区分合同与压制的矫正手段,就是通过监管一切合同条款或矫正一切合同后果有效地废除合同。解决办法在于,将劳动关系排除在合同法核心领域之外,谋求一种"制衡权力"的方法:一旦工人们被允许组织起来,他们就能平等地面对雇主。如此,制度化的劳资集体谈判也能重新确立合同模式的有效性。这个解决办法同时还不会带来任何更深层次的破坏,甚至也不会出现"其余经济秩序也是社会冲突与制度发明之人造物"这种观念。但是,这一有限的解决方案也面临着两个相互关联的难题,这两个难题共同描绘了劳动法学说的症结。

第一个相关的难题是程序正义的悖论。其在美国劳动法中典型的学说表达是,诚信谈判义务的问题,以及这一义务与集体谈判过程中达成的实质要约的行政审查、司法审查之间的关系问题。除非双方都继续致力于此,并接受其作为彼此关系的制度框架,否则这一重构后的特殊劳资市场就不会有效运行。不同于一般性的市场与政治组织,之所以可能被回避,是由于它只是周遭秩序里根据一套独特的规则型塑而成的局部。更有权力的一方,通常尽管并非总是雇主一方,有离开它的激励。诚信交易的义务正是以这种特殊框架为考量的。

如何评价这项义务的履行呢？如果法院或行政机关乐于展现出合规性，愿意进行谈判，那么这项义务就失去了作用。于是，各方当事人就只能信任各自的权力与诡计。再者，任何更为艰巨的合规性测试似乎都要求国家劳动关系委员会[1]或法院对双方在谈判过程中彼此提出来的各种要约与反要约的公平性进行判断。这一要求将监管机构卷入了近乎对劳动关系进行实质规制，而这恰恰是整个"制衡权力"机制旨在避免的。由此，国会修改了《国家劳动关系法》，推翻了一系列行政与司法裁决，这些裁决将诚信交易义务当作评估当事人要约与反要约内容的一项强制性要求。然而，即便是在立法机构否定了这一观点之后，国家劳动关系委员会也还是找到了更为谨慎的方式来重申这一观点。程序正义的悖论说明了：集体谈判体系是一个矫正性制度框架，作为最直接负责监管其完整性的机构，国家劳动关系委员会为什么有不放弃这一观点的良好理由。

第二个相关的难题是经营自主的悖论，它与"制衡权力"方法纠缠在一起。它在美国法里最令人熟知的学说所指是权利保留问题。在一个集体议定协议中没有详细规定的权利和义务是否需要仲裁，又或者，它们是否属于管理性权威范围内的事情？把所有这些问题都当作有待继续协商、解决的问题，意味着该组织的整个内部生活必定受制于一套固定的规则与权利体制。

这种进路会危及自主性和灵活性的要求——也就是依照出现

---

[1] 美国国家劳动关系委员会（NLRB），是美国政府管辖的独立机构，负责国家劳动关系法的执行，主要聚焦涉及劳工的各种具体问题。——译者

的实际机会或限制改变工作组织的能力,任何多产的或务实的制度都需要这种能力。然而,接受"权利保留"这一替代进路,可能会削弱"制衡权力"作为劳资双方契约性交易修复途径的可信度。因为那样的话,双方的关系中就会出现一种基本的不平衡。

集体谈判无法触及的这种自主性权威,可能被证明为是一种非人格性的技术必需指令。可是,任何此种证明都容易受到一些论证与试验的影响,这些论证与试验揭示了在相同或不同的经济体系中,通过另外一些可选择的组织工作的方式如何能够达成相似的实际结果。这一难题的根源有二,一是不可能在企业内部生活中实现完全的权力契约化,二是可选的合法化与问责模式的压力。工作环境和经济的重新组织将不得不完成集体谈判以及所谓的技术性指令无法完成却必须佯装完成的事情。

诚信交易与权利保留的问题是直接相关的:每当我们问及哪些权利对应着诚信义务时,我们就是在两者间进行转译。构成这些理论问题之基础的程序正义悖论与经营自主悖论甚至联系更加紧密,这些悖论的聚集效应清楚地表明了这一点。

这些二律背反表明,"制衡权力"机制,无法基于自身的条件在自己的领地上完成足以区分合同与权力的矫正,同时又避免施加过多的矫正导致合同沦为一种更高水平的资源配置与收入分配方法。相较于经济胁迫学说分析只是迂回暗示,它们更加旗帜鲜明地建议:任何足够好的解决方案都必须对经济及其政府、社会背景进行更为广泛的制度重塑。通过特殊处理雇佣关系的棘手问题来捍卫合同理论核心地带,这种尝试适得其反。合同的核心领域最终也受到质疑,人们本希望它能被封锁起来远离进一步的攻击。

在刚才讨论的应用语境中,"公平"这一对立原则获得了几种含义。首先,公平意味着,不能将当事人视为纯粹的赌徒,也不允许他们彼此将对方视为赌徒,除非他们自己以这种方式对待自己并且拥有能够使每个人照看好自己的平等手段。通常,当事人必定被认为是在风险能够受到限制和加以区别的情境下行事,交易活动在永远不能被完全讲清楚、其相关条件只有事后才可能阐明的前提条件下进行。参与者必须彼此确保能够避免各种不在这些界限之内的错误及不幸。在这一点上,第二个对立原则与第一个对立原则相交叉。

其次,公平还意味着,当事人之间的不平等会让一项合同存疑,如果超出一定程度的权力差距,将会导致合同无效。尤其是,不平等的当事人不会被轻易置于一种纯粹的赌博投机情境。当已被接受或可接受的风险达到极限,又或者当合同关系里的不平等开始削弱合同模式的力量,法律就会试图恢复、创造一种大致对等的合同履行,或让当事人相对对等地分担收益和损失。法律可能是含含糊糊、偷偷摸摸地这样做的,但是只要对立原则一直发挥作用,那么法律就会依然如此。由此,公平观念最终将对结果大致平等的关切,与一种有关合同受到表面控制的各种条件的更宽泛的观点联系起来。

对第二个原则及其对立原则相互关系的分析改变了一个中心问题。如果合同体制没有被一种最重要的分配方式取代,那么公平性矫正必定是聚焦的、零星的,而不会是普遍性的。可是,这种矫正却以其维护合同的有限形式变成了一种颇为武断的任意挑选:对每一种需要矫正的情形而言,似乎都存在一种与之类似却没有被触及的情形。

我们在分析"一般性矫正"平等保护时也得到了同样的教训：不合理的区分似乎只是一种专横的全面干预之替代品。那里，对平等保护而言，由于一切真正的权力掌握在法官或其他操作学说之人的手中，这种干预可能会挫败宪法计划。这里，对合同而言，它可能消除合同体制却保留了其外表形式。这里与那里一样，真正的解决之道都是改革经济与政治行动的制度框架，其中包括通过学说进行的改革。

我们可以用两种方式来表达这两对原则及其对立原则之间的关系。主流观点将现存制度结构视为是给定的。它把有关既可能又可欲的人类联合模式的想象性规划，包括合同与共同体之间的对立，视为严格限定的。在这一观点看来，对立原则是反常现象。它们防止其对应的原则在不同寻常（即便并非极端）的情况下做出不公正的事情。英美法律史上的衡平法与普通法之分给这一进路提供了制度支持。然而，如果我们从"基础性的制度秩序和想象秩序不仅能够而且应当被改变"这一前提出发，那么这些对立原则与其对应原则之间的关系就不再是稳定、自然、可控的。它们甚至可能作为一种新的法律体制及其学说的起点，这种新的法律体制及其学说将颠覆传统关系并使原则降至一种特殊作用。接下来的分析将充分阐述这种可能性。

4. 对立视角的检验：典型困境的实例

反叛正统的"异端"学说模式中的第二个任务是分析更为激烈的法律争议领域，这些法律争议需要阐明上述两种有关原则及其对立原则之关系的观点之间的选择。这些典型困境的实例提供了一些素材,用以将上述更具争议性的第二种观点发展为一种关于权利本质与义务来源的一般理论。它们之所以是典型的,是由于它们虽然看起来不重要、不自然,却暴露了整个法律领域的根本性争议。

这些实例具有两个限定性特征。第一,它们是判例法与学说在其中出现差异的那些情况。由于没有一种观点占上风,学说体系的融贯性似乎被打破了,法官的判决看上去不可预测。第二,其中所涉及的独特分裂使法律思想中各种综合性观念的对抗突显出来,尤其是该领域中的原则及其对立原则相互作用的各种替代性观念之间的冲突。分析这些高度争议的领域,为将这一与之对立的相反观点发展为一种关于权利本质与义务来源的一般理论做好准备,而这种一般理论能够指导合同学说的重构。

我选择以当代美国法中过错法则的一系列相关问题作为典型困境的实例,我将以三种形式呈现这些问题反复出现的典型情境,以及这些情境显现出来的判例法与学说之间的差异。正如合同被普遍认为是最适合采用"纯粹"的非政治分析与技术的法律部门一样,合同法中有关过错的规则与学说通常也被认为代表着这种技术纯粹性的顶点。在这一法律领域内,解决方案的存在本身通常被认为比解决方案的内容更为重要。由此,在这里重新发现一种更大的视角冲突的蛛丝马迹,将会特别令人高兴。

首先考虑合同的标准情形,合同订立通常由通信或其他手段完成,要求在要约与承诺之间有实质的时间间隔。由于要约与承诺规则旨在抑制要约人的投机行为、保护他的信赖利益,那么它就对道德判断的可能性做了一个基本的假设。这一基本假设是,由于太过危险而不能尝试区分不当撤销的情形与善意撤回的情形。不当撤销的情形是,要约人基于对交易盈利性的重新思考试图撤销一个已经到达的要约,或者受要约人基于承诺发出后市场条件发生的变化,试图撤销一个已经发出但尚未到达的承诺。善意撤回发生的情境是,要约人或受要约人为了修正一个与商业判断无关的错误而做出的撤回。

例如,要约人发出的报价可能基于计算错误或对其所同意之事的某个误解。关于过错的法律规则不能涵盖其单方面的错误。对方之所以可能没有受到损害,要么是由于他还没有被信赖,要么是由于作为已发出但还没有到达的承诺收件人,他本就不应有信赖。

古典合同理论会以同样的方式调整不当撤销和善意撤回。它会主张这种对行为之道德品性的区分太过精细和脆弱,以至于无法作为要约承诺规则的有益基础。要么必须放过恶人以保护好人;要么好人必须被牺牲,以免恶人得到赦免。

替代方法是区分不当撤销与善意撤回。例如,如果撤销的目的仅仅是为了将明显难以预料的损失转嫁给要约人,就应当禁止撤销一个已经发出的承诺。但是,根据受要约人的错误计算是否相对无可责备以及要约人预期损失的严重性来决定是否允许一个善意撤回生效。

当前美国合同法中具有压倒性分量的多数司法意见与学说理解都站在传统道德不可知论一边。尽管如此还是可以发现一些例外。这些脱离常规的判决大多是在一种鼓励革新的特殊司法环境下做出的,即便只是通过将革新与合同法一般体系隔离开来的方法。例如,当索赔法院[1]就一个私人承包商试图撤回向政府供应货物或服务的要约是否为善意撤回进行裁决时。这些司法意见中的许多都没有阐明不当撤销与善意撤回情形的关键区分。相反,通过强调那些以前被认为不相关的因素,比如邮政规则发生了改变,允许发件人从邮件中撤回信件,它们达成了相同的实际结果。

通信合同问题的实际情况提供了最能支持古典观点的总体条件:一份完全商业语境下的合同,其全部正常的合同订立程序(因论旨需要我们可称之为"形式要件")均已完成。下面的两个实例呈现的是这一基本假设被逐渐放宽的情形。随着这一放宽的发生,替代进路也增强了其在当代法律中的存在感,并获得了其清晰性与复杂性。

计算上的错误构成了第二个反复出现的事实情形。合同由当事人亲自订立。一方在整合或书写合同之前,除疏忽大意外并无恶意地犯了计算错误。他努力在合同订立之后、其他当事人并未基于合同信赖采取行动之前纠正这一错误。

当合同书写错误误述了协议内容或一方误判了市场时,现行法律给出了清晰的解决方法。麻烦的是形成了备忘录的机械计算中发生的错误。要区分以下两种情形。如果受要约人知道或有理由知道要约人的错误,那么他就不占优势;此时如果他信赖要约,

---

[1] 索赔法院(Court of Claims),在国家放弃司法豁免权的情况下,有权审理对国家提出索赔请求的法院,也称 Claims Court。——译者

那么他的信赖就会被否定为不正当的。如果受要约人既不知道也没有理由知道隐藏在机械计算中的要约人的错误,那么还需要进一步区分两种情形。

一种情形是,受要约人可能对要约产生合理的信赖。在这种情况下,当代美国的大多数法院和法学家都可能会要求要约人遵守合同。然而,本分析正在阐明的替代视角更为彻底影响下的合同法可能会规定,在这种情况下,应当根据要约人疏忽大意的程度甚至是双方当事人承担损失的相对能力,由要约人和受要约人分担损失。

然而,另一种情形是,假如受要约人没有理由知道要约人的错误,在被告知错误的时候也还没有根据合同行事。在这一点上,当代美国法的权威性观点几乎停滞不前。这里争议的因素很明显。一边是要权衡一个还没有产生合同信赖的双边履行合同已经全部完成的形式要件,另一边是一种错误与不幸。该错误由于疏忽大意——如果更加谨慎行事就可能避免——所致,却决不是恶意想要摆脱一笔糟糕的生意。尽管这种错误比单纯的书写错误更严重、更不值得救济,却也比商人有关其商业行为的愚蠢决定更值得帮助。

你已经能够从这种权威的区分中辨识出根本性争议的各种要素,即便司法裁决和其他学说权威经常以一种遮蔽问题的方式操纵有关过错的法律规则。那些不允许要约人解除责任的人坚持一种拒绝区分不当与善意的合同成立观,并且利用关于过错的法律规则再次确认原则的优先性及其对立原则的反常性。在这种观点看来,几近完成的形式要件和商业背景足以触发传统的合同责任规范。替代进路则将承诺人解除合同责任的期待性与受要约人的信赖性相对比。承诺的交换并非与这里的分析无关,它只是并非故事的全部。这种替代性的对立观点似乎暗含了各种对立原则具有一种完全不同于传统观点指派给它们的角色。为了检验这种观念对比的限度,我们现在考察第三种更复杂的情形。

这种问题经常发生在总承包人和分包人之间的交易中。它为美国合同法案例教科书提供了主要内容。总承包人考虑参与一项需要其向分包人购买货物或服务的竞标。为了确定他自己的竞价金额,他向各分包人征求各种报价。根据对分包人最低报价的评估,他给出了一个竞标价格,最终中标。在总承包人接受分包人的要约之前,分包人通知他,由于数字加错或误解了工作的性质,自己犯了计算错误。总承包人能要求分包人接受该投标的约束吗?

古典合同理论否认分包人受到约束。因为其"要约"在撤回前还没有被接受,合同还没有成立。一些著名的案例明确拒绝了禁止反言规则在这种情形下的适用。这里与其他地方一样,努力将禁止反言限制在赠与领域是出于担心它可能被用于完全修改合同,以至于使一些根据合同成立规则应为可撤销的要约实际生效。

很明显,在这些情况下,如果总承包人有理由知道分包人的错误,他就不能主张分包人是有责任的。如果相反,总承包人没有采用分包人的出价,那么他就没有任何权利主张。但如果他真的采用了分包人的出价呢?因其报价与随后要约提供的实际最低报价之间的差异导致的总承包人的损失,分包人拒绝向总承包人承担的损失越大,总承包人有理由怀疑其间出了差错的可能性就越大。如果损失很大,但总承包人仍然没有任何预见到出现错误的基础,分包人依然要受该投标的约束。这些疑难、边缘的案件在当前美国法里通常发生在总承包人确实产生了脆弱信赖的情况下,虽然他使用了分包人的出价,但解除分包人的责任也只会给总承包人造成轻微的或不确定的损害。

如果只有在受要约人根本没有基于有误的要约采取行动的时候计算错误才几乎成为一个问题,那为什么这可能成为疑难案件呢?在这种情况下,善意受要约人产生的最低限度的信赖足以打消一切疑虑,足以赋予他一项稳定的权利以对抗有过错的要约人。区别存在于那些更早的已经被完全接受的商事要约情形:虽然在合同整合的过程中出现了一个错误,但是合同或类似于合同的某种东西在此种疑云笼罩下已经成立了。然而,在总承包人与分包人的情形里,没有承诺,因此也就没有合同。除非你要么采用似是而非的单务合同分析,按照这种分析,报价的适用本身就是承诺;要么应用承诺禁止反言学说,将禁止反言当作单纯的"对价的替代品"。

这三种情况呈现了成立一个标准的双边履行合同形式要件完整性即手续齐备性逐渐递减的趋势。在第一种情况下,受允诺人不需要任何信赖即可做出有说服力的权利主张,因为他已经完成了要约与承诺的程序。在第二种情况下,受允诺人的地位在如下意义上获得力量:承诺的缺失导致的缺口由合理的信赖来填补,而信赖之所以合理,部分是由于所适用法律不清楚或有歧义。在这两种情形中,权衡的另一边是允诺人的过错与不幸,也就是减轻允诺人负担繁重的后果的动力,因为导致这种后果的缘由本应是一个微不足道的、普通的轻率举措。

信赖因素的引入使古典视角及其对立视角之间的较量更为复杂化。在计算错误的情形中,古典视角支持受允诺人,对立视角则支持允诺人。在总承包人和分包人的情形中,古典视角没有禁止反言,明确支持允诺人(分包人)。但是对立视角站在哪一边呢?既要考虑允诺人相对的善意过错,也要考虑受允诺人的正当信赖。在学说最终的发展中,损失可根据允诺人的过错程度、受允诺人的信赖程度以及双方当事人承担损失的相对能力来分割。

上述最后一个典型困境的实例进一步支持了这样一种感觉:在所有这些颇为复杂、令人困惑的焦点中,我们面对的不仅是在共同的概念框架中对各种相互竞争的考虑进行选择,而且还是概念框架本身之间的斗争。这种斗争的结果事关各种真实的法律问题的解决。争论的核心在某个时间落于某个司法辖区的这个地方而不是那个地方,这是相互斗争的方法各自特定内容与相对影响力角力的结果。由于古典视角以商业环境和完整的形式要件来如此宽泛地界定其运作领域,所以其对立视角的力量可以根据化解争议性情形的能力来衡量,这些争议性情形越来越接近极端商业环境与彻底完成的形式要件的极限情形。

这里有一个融贯的对立视角在起作用,它暗含了一种对立原则如何与原则发生关联的替代观点,这一对立视角的诸多命题还没有完全建立起来。建立这一对立视角的诸多命题,就是反叛正统的"异端"学说模式第三阶段的使命。通过解释和概括其有关义务来源与权利本质的关键假设,可以明晰这一对立视角。

5. 对立视角的一般化：义务的来源与权利的本质

我这里只简要概括这一分析的第三阶段，因为此前已经预先展现了其要点。解决合同问题的主流进路假定义务有两个主要来源：一是国家单方面施加的义务（比如侵权责任的很多形式），二是完全符合缔约特定程序的明确协议。包括相互依赖关系在内的任何其他义务来源，合同理论要么将其视为明示协议不确定的半影，要么将其视为基本法律原则的衡平法限制。与此种义务来源观相应的权利理论，认为权利安排了一块自主行动的区域，该区域的边界在最初定义权利时就被设定。这一边界线在实际行使或可能行使权利的特定语境里可能会受到争议，但是不会有大幅度的延伸或限缩。关注行使权利对另一方当事人的影响，就会将相互依赖关系转化成义务的来源，这种义务能够完善甚至是取代基于同意条件的义务来源。

与之对立的视角依靠非常不同的前提。它暗指义务确实主要产生于相互依赖的关系，而这种关系只是部分受到政府施加的义务或明示的完整协议所形塑。在这种替代观点看来，这些型塑因素单独运行产生义务的情形，只是一个光谱上的极端。在这一光谱的核心地带，审慎的同意、国家制定或认可的义务变得不那么重要，尽管它们从未完全消失。越是接近核心地带的情形，权利越是需要对两个阶段进行清晰界定：现在必须完成有关权利第一阶段暂时的初始性界定了。在此会根据对以下二者——一是基于相互依赖产生的期待，二是权利的具体行使可能会对关系的另一方或关系本身产生的影响——的判断，在语境中划定或重新划定界限。

在这种义务来源和权利本质的观点中,有关合同的对立视角取得了稳固的地位。在刚讨论的每一种典型困境的实例中,对立视角都赋予了相互依赖的义务以力量;而将这种义务理解为一个狭隘的例外或模糊的淡化问题,是不充分的。它将有关明确陈述或承诺的分析纳入一个更广延的全面框架,该框架既考虑到了受允诺人信赖的价值与程度,也考虑到了允诺人主张免责的道德品质。这一框架发展了第一个对立原则,并通过强调合同与共同体彼此交融的方式将之与缔约自由原则联系起来。

典型困境的实例还可以来源于诚信交易、劳动法中的权利保留以及一般合同领域中的经济胁迫。这些实例的分析焦点是区分合同体制与权力秩序的问题。由此形成的对立视角将强调,如果不改变经济活动的制度结构,或者不至少采取一系列替代此种制度重构的次优方案,那么就不可能充分地将合同与支配相区别。

其中一种不太完美的替代性选择可能是,不顾一切地坚持现有法律旨在防止混淆合同与压制的各种特征。一个适度的例子是,国家劳动关系委员会阻挡免除谈判中的诚实信用义务的倔强尝试。

一种能够为对立视角的这一版本提供稳固位置的合同理论,将包含下述命题,即在既能避免极度矫正协议又不会让协议沦为压制的伪装方面,合同法及其学说的不同体制在程度上存在关键差异。这一对立的合同理论也会承认,法律所限定的经济的制度化组织,决定了不同市场体系之间的这些差异。这种合同理论将意味着,契约自由原则及与之对立的公平原则之间的关系发生根本性转变。

因此,对立视角的初始内容在一定程度上取决于你从哪些典型困境的实例开始。一种更具包容性的版本,可能从对法律不同领域中诸多此类实例的探索中产生。一个成功的理论观念也应使这些局部性的对立视角变得易于理解,并且有助于解决彼此间的冲突。就这里讨论的问题范围而言,它将把刚才描绘的有关合同与权力的观点同修正后的义务来源与权利理论结合起来。目标不是封闭与完整,而是持续的批判与自我修正;不是终局性,而是可修正性。

6. 对立视角的延伸及限制

这一学说模式的第四阶段发展了第二阶段描绘、第三阶段一般化的对立观点,将其延展至当代法律未能形成典型困境实例的那些法律问题当中。为此,我们考查有关信托关系的法律及其在合同法主体内容中的地位问题。

古典合同理论最显著的特征之一是,它在有限情境范围内的严格利他主义理念与容忍绝大多数合同中的无限利己主义之间左右摇摆。因此,在信托关系中,一方可能被要求将对另一方利益的考量置于自己的利益之上(或者,不管怎样至少给予与自己利益同等的考量)。但是,在普通的商事合同中,只要权利所有人还在其自主行动的领域内,另一方当事人的利益就可以被认为无关紧要。(诸如减轻损害赔偿等针对这一标准的限制,相对来说并不重要。)这种特许只是重申了代表着主流合同理论的权利性质与义务来源进路。

将其他人利益放在首位这一团结的更高标准,必然是罕见的例外。在一般性的交易中坚持这种标准的任何尝试,都如此彻底地偏离了人们彼此日常交往的标准,以至于只会鼓励大量的规避与伪善,以及令人窒息的道德专制。然而,这并不意味着普通合同与人际交往就应当屈从于"人们可以无视其他人的利益"这种观念。事实上,连续性或反复性合同关系中的各方当事人,甚至通常为一次性交易的当事人,似乎普遍都遵守着一个严格得多的标准。

共同体就是无私奉献,合同就是毫无感情地赚钱营生,对立视角拒绝默认这种鲜明对立。有关权利性质与义务来源的理论观念赋予对立原则一个指导性地位,这些理论观念暗示了合同与共同体之间有一个精妙的、连续的阴影地带。在这些观念的指导下,相应学说也会发展出一系列辨别标准,用以刻画适合应用更加有限的团结约束的那些情形,这些团结约束要求每一方都要给予另一方的利益以一定分量,尽管这种分量比自己利益的分量低。

这一对立视角预设的双层权利理论已经预见到了这种中间标准的必要性和正当性。适合应用这一标准的情形可以根据以下特征来选择,这些特征可能包括表达明确的意图、事实上具有诱导性甚至是毫无根据的信任、一方当事人更容易遭受损害所表现出来的权力悬殊,以及合同关系的持续性等。

留意到这种标准已经表明了一种手法上的变化,不同的合同情况各自都有限制利己主义的独特标准。调整信托关系的相关法则主要由一些特殊情形构成,这些特殊情形通常只有一些蛛丝马迹,只有拐弯抹角才能找到其与能产生信任或证明自我约束的事实之间的关联。例如,合资企业中向合资人设定信托义务的合资协议,可以简单将其定义为一种有限范围和期限内的非正式合作关系,规定所有投资人共享收益、共担风险。

然而,合同安排可能涉及一种紧密的、困难的、长期的合作,需要进行审慎的自主判断,否则就会导致收益不确定。其所有参与人很可能都认为这项活动要求彼此都以最谨慎的态度相互忠诚。相反,如果一份合同着眼于未限定的报酬而不是预先确定的合同履行,那么它可能只需要,或者被理解为只需要最低限度的实际合作。

我们经常被提醒,需要在一种现成却粗糙的普遍主义与一种精妙却艰难且不确定的特殊主义(及其对行动的根源与道德歧视的细微差异所做的具有潜在侵略性的探究)之间进行选择。然而,这一两难困境的主张往往有助于证立拒绝寻求不那么武断的一般性选择标准。这种拒绝通常带有特定的意识形态意义。在合资企业的情形下,其要点是将"合同是由相互忠诚推动的一项共同事业"这一观念限制在狭小的情境范围内。

这种学说模式的第四阶段将对立视角延伸至可能尚未成为争议目标的诸多问题。它由此提出的一个问题是,我们应当将对立观点所预设的权利本质与义务来源的观点延伸至法律领域的多大范围?这里所描绘的合同进路并不不代表一种可普遍适用的权利理论。

我们不必追随19世纪的法学家及其信徒们,像他们那样将一体财产权及其在合同中的对应物当作一劳永逸的权利模型。这一告诫既适用于对立视角,也适用于其试图取代的观点。此前的规划中所描绘的豁免权及其在既有法律中更为受限的对应物,也许可以通过一种单线的或单层的权利理论得到最佳理解和保护。这种理论也适用于双层理论的各种事实假设在其中得以削弱的许多情形。总之必须牢记,对立视角描述的是一系列情形的光谱,它依然承认古典形式的合同权利是其中的一种特例。

那么,这种特例何时会发生呢?一种辨别方法是,问问证明更高的信任期待与自我约束标准的那些因素何时出现。另一种辨别方法是,问问传统一体财产权的替代性选择方案何时有用。在经济生活的许多领域,交易依然可能是投机赌博。作为在那些具有投机赌博能力的人之间进行的投机赌博,交易可能还是不在对立原则的调整范围之内。市场经济的民主化不会勾销区分某个经济生活领域适合于合同原则还是适合于合同对立原则的理由,然而,它将促使我们在不同的地方划出一条区分的界限。此外,这条界线亦会具有不同的含义和不同的后果。

7. 对立视角的证立

反叛正统的"异端"学说模式的第五阶段也许也是第一阶段,因为它描绘了指导整个论证的规范性与经验性信念。将其放在最后的好处是,表明随着反叛正统的"异端"学说逐步展开,这些信念也逐渐获得一种体系性的、明确的形式。并没有什么根本的断裂将证明这些信念的各种论证与法律分析的诸种争议分离开来。这些启发性观念的发展可以用几种方式加以描述,其中一些相较于其他更易于与碎片的、渐进的学说偏见相调和。然而,无论青睐哪种方法,指导观念的规范方面与经验方面是如此紧密地彼此依赖,以至于难以区分二者。

六　两种学说模式

支配性的主题内在于学说的论证之中。它们可能生成于一种持续性对比。对比的一方是人类共存的理念性计划，它们赋予既有的学说以意义和权威；另一方是当前的法律和法律观念帮助重新塑造的社会实践的实际现实。这两个主题在之前的讨论中发挥了特别突出的作用。

其中一个主题是批判合同与共同体之间的鲜明对立。这一对立的起点是这样一种观念：共同体是田园诗般的和谐的天堂，合同则是完全自利与纯粹计算的王国。然而，这一对立的实际后果通常是，接受甚至助长了混淆相互忠诚与对一种个人权力体制的默许，同时剥夺了以法律推动商事生活中的信任与相互依赖元素的恰当机会。纠正这些后果的安排与观念，要从消除合同与共同体之间的截然对立开始。这些安排与观念最后暗含了这样一种合同观，这种合同观既更容易容纳广泛的不同权利义务类型，也更容易与"共同体是一个具有高度相互侵害性的领域"这一观念相调适。这样一种观念更令人满意地解释了是什么因素一开始将我们吸引至共同体理念。

在我对合同理论的讨论中，道德视野的另一个主要主题是，寻找合同体制能够避免沦为权力秩序的伪装同时又不因矫正而不断推翻的条件。随着论证的进展，对合同看似空洞的承诺最终产生了令人惊奇的重要意义。它要求经济生活制度基础的变革，提出各种各样颇具颠覆性的替代方案，尽管这些替代方案最终还不充分。

这两个内部批判主题是现代主义文学与哲学兴起之前的现代

社会两大批判传统的提喻[1]借代。其中一个传统反对否认团结,反对共同体生活的缺席,认为共同体生活能够调停孤立的个体与社会世界中的大规模组织;另一个传统强调群体支配在各种思想与实践形式中的连续性,各种思想与实践形式反过来既遮蔽又再现了群体支配。反叛正统的"异端"学说论证揭示了,一旦分析获得制度上的细节,这两种传统如何能够融合为一条更全面的、更令人满意的批判主义路线。为解决合同的过度矫正和矫正不足问题提出的各种实践方案与理论方案,最终与努力缓和合同与共同体之二元对立的题中之义相汇合。

当然,这一学说论证的灵感可能来源于此前提出的那个综合性的制度规划,来源于该制度规划依赖的各种规范论证与经验论证。这些论证可能也是内部性的,内在于各种我们公认理念——在最广泛的意义上——的正当化与演进,而不是内在于法律分析的各种争议。反叛正统的"异端"学说的第一种模式(平等保护学说)已经表明,这样的纲领性观念依然可以成功地与这些有关法律的争论关联起来。

现在既然第二种模式(合同学说)已经充分建立起来,那么就有可能回答下面这两个相互关联的问题,这两个问题涉及主张成其为一种学说的意义。第一个问题是:决定整个分析过程的各种指导观念在某种程度上是法律固有的,还是从外部强加给法律的?可及的法律质料无法毫不含糊地支持这些或任何其他基本观念。

---

[1] 提喻(Synecdoche),不直接说某一事物的名称,而是借事物的本身所呈现的各种对应的现象来表现该事物的一种修辞手段,主要是借助于部分相似,以局部代表全部和以全部指部分。——译者

然而,当人们进行法律分析时,围绕这些观念的争辩不会停止;它以其他形式继续,伴有其载体特有的机会和限制。有关典型困境实例以及理解它们的替代方式的讨论,比这一学说模式的任何其他部分都更清晰地展现了有关社会的规定性观念对法律分析的入侵。

只有以做出武断的、教条主义的法律分析为代价,才能平息这些替代性的人类联合方案之间的冲突,鉴于这一点,第二个问题是:法律学说,特别是当其在裁判语境下运行的时候,能够且应当在多大程度上改变现有的法律理解以及这些理解所强化的社会实践和制度安排?通过将对立视角延伸至主流进路在通说中似乎尚无争议的法律领域,这一问题最有力地呈现出来。对这第二个问题的回答尽管受到对第一个问题之回应强有力的影响,但并不由其决定。

在一种否认现有政府制度安排具有任何更高权威且因此使制度正当性论证偃旗息鼓的观点中,决定做什么与理解能够做什么之间的差异只是微乎其微的、不确定的。学说上的突破不会带来社会生活中的革命。即使它们已经影响到了我们对现存制度与支配性观念的洞察、影响到了意识形态争议的过程、影响到了司法权力的行使,它们也不会带来社会生活中的革命。我之后会转而论证批判法学运动作为一种政治行动形式,那时将主张,这一延展的学说无论是在整个社会还是在附属于社会的具体审判领域内,都有一个实践使命要完成。

8. 两种模式的比较

反叛正统的"异端"学说的第一种模式首先分析一个具体法律

部门及其法律学说宏观的主题承诺以及服务于这些承诺的具体范畴。然后,它明确了这些具体范畴依赖的诸多有关社会事实与社会理念的假设,并根据多少已被广为接受的理念与认识来批判这些假设。隐匿这些假设对于主流法律观念的说服力至关重要,各种看似没有争议的技术性观念通常依赖于高度争议的非技术性前提。在这一点上,就其处理的"社会生活领域应当如何被组织起来"这一问题,反叛正统的"异端"学说的第一种模式转向了一种能被独立证明的不同观点。这一观点暗含着当前社会主要方面的制度重构。最后,这一模式展现了这一纲领性观念如何能够作为一种规制性理念服务于当前学说的发展。

反叛正统的"异端"学说的第二种模式首先设想广阔的法律领域是一套原则及其对立原则体系的表达,这些原则及其对立原则彼此间实际的或恰当的关系能够以相互冲突的方式得以呈现。然后,它揭示了这些相互竞争的方法如何在一系列典型困境的实例中出现。贯穿于这些争议焦点之分析的对立视角,改变了对有关对立原则与原则之间恰当关系的理解。这种理解可以经由一般化为一种更具综合性的法律理论加以澄清。一旦普遍化,这种理解就可以适用于其他相关的法律领域,并且通过其适用而得以修正。最后,暗含的发展所具有的潜在意义及其更宏观的正当化证明也能得以明确。

这两种学说模式都从同一种看待法律及法律分析三个层次之关系的视角出发:第一层次是,当今主要以法规、司法判决的形式表达的权威性规则和先例;第二层次是,组织化的原则及其对立原则;第三层次是,为社会实践不同领域配置不同人类联合模式的社会生活构想计划。在新问题面前重申、重新审视一套法律规范和观念的尝试,突出了两种虽然通常隐而不现却是永久的不确定性与冲突的来源;因此也就再一次展示了,重新生产一种实际的或想象的社会秩序,这一努力是如何为破坏该秩序提供机会和手段的。

大量规则和先例的解释必须心照不宣地(即便并非公然)依赖原则及其对立原则;而对原则及其对立原则的理解,反过来又必须以人们间的交往在每一个社会生活领域里能够或者应当是什么样子的观念为先决条件,即便这些观念据说是以某种方式体现在法律当中而不是从外部引进的。每揭露一个更深的层次,就会产生一种双重的破坏性效果。每一个更浅表的层次(规则及先例相对于原则及其对立原则、原则及其对立原则相对于既可能又可欲的联合模式)都被证明只是更深层次的一个不完善的实现,与此同时,构成这一更深层次的各种经验性与规范性的信念在揭露的过程中即便不会变得完全不合理,也会变得有争议。除了这些不同法律分析层次之间垂直层面的紧张之外,在未经试验的语境中重新思考法律也在每一个分析层次内部产生了横向冲突。这是因为,每一个层次都被视为各种秉持理想与公认利益之间的竞争的不同阶段,这种竞争会随着分析层次序列的下降而变得更加激烈。

传统的法律学说以及为了更好地支持它而提出完善建议的各种法律理论,试图压制或降低各种横向、纵向的冲突。与此相反,反叛正统的"异端"学说希望将这些不稳定因素暴露出来:第一,因为这是颠覆在法律观念领域所采取的形式;第二,因为如果要想从根本上在法律学说或任何其他规范论证领域达致洞见或正当性证明,就只能经由这种颠覆在其内部演进与富有远见卓识的想象观念的双重面向下反复实践来实现。

虽然这两种不稳定因素相互缠绕、彼此强化,但其中一种可能暂时居于主导地位。第一种模式的学说(平等保护学说)强调纵向冲突,第二种模式的学说(合同学说)强调横向冲突。我们可以以许多方式观察、结合这两种强调重点。其中的每一种方式都传递了如下这种希望:这些不可逾越的限制与简单粗暴的偶然性印记,成功地洞见到了我们的理解与变革的力量。

七　底层观念与深远意义

§1　跨越内部演进：社会理解与规范承诺

制度规划与反叛正统的"异端"学说实践的整个建构性论证相当于构想内部演进中的一次运用。出于一般性指引的考虑，这种运用映射了实践与理念之间相互作用的结果，事实上这种相互作用必须由社会冲突推动，并在集体性试验中实现。出于具体性的考虑，这种运用致力于使实践与理念间的相互作用进入法律学说的领域，由于预言家与普通人都被禁止进入该领域，以至于权力可以被悄无声息地行使。

即便它能设法避免产生理想主义、精英主义的危险，想象内部演进的尝试还是面临两种相关的反对意见。首先，它似乎只是一种偶然，我们碰巧从某种传统中开始，这种传统的内部演进实践碰巧导向了这里所绘制的方向。我们作为能够超越、批判我们生于其中之文化的主体，我们想要知道我们是否应当、为什么应当重视这种偶然性。其次，任何传统都充满着模棱两可，以至于论证其在任意可选方向上的演进，都是有说服力的。

这些反对意见表明，从长远来看，内部演进为何需要以对其他规范实践模式的想象来作为一种补充和矫正。当想象性的观念作为理论而非预言性的直觉发挥作用时，它就非常典型地采取了一种有关社会与人格（二者相互蕴含对方）的系统性观念的形式，它主张此种系统性观念具有规范性权威。通过学理式地陈述一种思辨的社会理论的基本学说，然后论证其规范性力量，下文将概览对上述提及的两个批判的一种回应。因为这些有关社会、人格以及规范性的观念阐明，支持了本宣言的纲领性、学理性论证所采取的路线。

在每一个社会里，我们都能够区分日常反复的活动、冲突与构成性的制度秩序、想象秩序；前者消耗了人们的大多数精力，而后者则通常不受这些常规的干扰并且赋予常规以形式。这些常规包括政府权力行使的习惯性限制、结合劳资双方的可及方式，以及规范性论证的公认风格及标准。

在当代北大西洋国家，构成性的制度环境包括：一种工作制度安排，过度突出任务设定活动与任务执行活动之间的区分；一种合同与财产制度，将在资本各个可分割的部分上设定绝对权利主张当作创造市场的手段；还有一种组织政府与党派的方法，以本打算保护公民免于压制的相同手段让政府陷入僵局、使社会解体。一个有关人类联合可能、可欲形式的背景计划，让与习惯性权力关系一起界定了这些制度安排的法律规则与权利变得可理解、可接受。该计划将每一个社会领域都视为实现一个具体社会理念的自然场域，具体的社会理念可能是私人共同体，可能是自由民主，也可能是技术层级和合同协议的混合。

诸如此类的构成性环境几乎等同于被冻结了的政治，它们通过阻断或抑制围绕集体生活基本条件的斗争而得以产生和维持。

七 底层观念与深远意义

一旦出现，它们就获得了"二阶"的现实。它们是人们的利益观念、忠诚观念及可能性观念的前提。它们具体体现了组织化、技术化的方法所适应的限制。它们提供了先进国家展示给落后国家的那种世俗进步、精神进步的范例。

尽管如此，这些体制也并非一套一荣俱荣、一损俱损的融贯体制。构成它们的元素可以与其他类似体制的元素进行重组。这意味着，诸如资本主义这样的概念必定是站不住脚的，无论它们是旨在描述世界历史发展的一个阶段，还是旨在描述可能的社会形态有限列表中的其中一种形态。并没有任何历史法则可以证明一种有关必然的社会阶段或有限的社会组织类型的理论是正确的。

由于一种构成性的制度环境和想象环境，本身是通过抵制改变其所支持的常规的一切尝试而得以界定的，因此它也使得修正一些环境界限比修正其他环境界限更为容易。除了这种短期的连续性影响以外，历史上还有另外一种长期的力量也很重要。这种力量就是优势累积效应，个人、群体乃至整个社会能够通过削弱一种构成性秩序的约束性力量获得优势。要想理解这种变革的源泉，尤为重要的是要理解这些体制的一个显著特性。

它们既不像自然物体的原子结构那样作为可以直接观察的事实而存在，它们的存在也并不完全依靠于正确理解那些可以消除的幻象。毋宁说，它们由于在日常社会活动过程中获得了针对改变与修正的免疫力，从而得以维持并变得根深蒂固。这种免疫力越是强大，该环境范围内的日常争议与有关该环境的变革性斗争之间的对立就越是尖锐。

否定能力（negative capability）既是一种实践上与精神上的，

也是一种个体性与集体性的赋权,构成性结构的解构使这种赋权成为可能。解构并不意味着永恒的不稳定性,而毋宁是通过将复制再生产结构的机会变成修正结构的机会来实现结构的塑造。正是社会生活结构的塑造推动了它们自身的修正。迈向解构的运动有望解放社会,使其避免在长期停滞与罕见的危险革命之间的盲目摇摆。解构的回报是否定能力。当今的构成性环境对否定能力的增长施加了不必要、不合理的限制。

建立在解构基础上的否定能力,通过自然试验与合作试验,通过让我们自己不受任何现有组合方案的限制,自由地重新组合人、资源与机制,增强了我们的生产能力,可以生产得更多、更好。引发否定能力的解构,让我们降低了失去自主性的代价,这种代价是我们与他人的任何联合都必须付出的。它因此缓和了各种自我建构要求之间的冲突:我们与他人联合,同时又不失去自我。解构与否定能力让我们能够在参与社会世界的同时又不屈服于社会世界。解构后的结构缩小了我们在结构范围内的活动与我们据以改变结构的行动之间的距离。因此,它尊重有关我们的最重要的事实:我们能够超越我们建立并栖居其中的各种社会体制与思想体制。否定能力是此种超越的实现,而解构则是实现此种超越的条件。

否定能力命题的预设是,从长远来看,通过解构构成性环境赢得的实践、道德与认知优势,在其诉求的力量与普遍性方面都要胜于通过进一步固化这些环境取得的益处。人们通常会追求那些具体的优势,而不追求通过解构实现赋权的一般性方案。然而,要想成功实现这种追求,他们必须对否定能力命题所阐明的这一事实

七　底层观念与深远意义

有一种潜在的或直观的把握。他们必须懂得如何从看似无法组合的重新组合中、从看似无法阻挡的松动中，获取他们所欲求的赋权。由此，历史上塑造各种结构修正的结构，经常不理会有目的的行动与无意识的行动之间的简单对比。

由于否定能力的发展过于反复可逆、应用过于不确定，因此难以产生任何单线的社会形态演进。尽管如此，它还是与构成性环境的短期连续效应一起共同作为历史变迁的主要根源。体现更高层次否定能力的构成性秩序与其说是一种比较脆弱的结构，毋宁说是具有某些特殊品质的结构。发现这些特殊品质在特定时空下所必需的制度安排，是纲领性的思想与政治努力的主要任务之一。

如果仅仅是由于否定能力的实践性方面既可能由一种极端的专制也可能由更强大的自由所促进，那么发展否定能力的承诺就不能单独定义一种社会理念。然而，产生这一承诺的愿景，的确设定了一种社会理念取得权威的条件。它描述了这样一种环境，在其中允许不断摆脱剥夺与苦役、摆脱在与他人隔绝或臣服于他人之间进行选择、摆脱盲目地将既定秩序等同于实践上或道德上的必然性。它教导人们以超越环境之主体的尊严在环境中行动。人应当处于世界当中，却又不完全属于这个世界，它用这一告诫带来了一个历史性的转折。

也许有人会反对说，即便一个人接受刚刚所勾勒的社会理念，他也不必赋予其结论以规范性力量。他可能会主张，该社会理念虽然能够揭示否定能力发展的条件，但是它无法告诉自己否定能力的发展是否是一种值得追求的善，就更不用说该能力是否能够在一个限定明确、基础充分的社会理念中大显身手了。他可能会说，任何将规范性判断建立在事实基础上的尝试，都忽视了一个永远无法弥合的鸿沟，至少如果不诉诸站不住脚的形而上学假设，就无法弥合。要确定这一主张的分量，就要认清是与应当之二元区分的正当使用与不正当使用。我们现在考察批评者的反对意见打算采取的不同方式。

他的意思可能是，上文所勾勒的那种社会理念提出了实现某种特定价值的条件，但是他喜欢的是另外一种价值。该理念并不能劝服他远离一种相反的偏好，因此论证还需继续；它只能探索这种偏好对社会制度安排的重要影响。这种反对意见误解了社会理念争论的本质。如果我们不献身于赋予某一特定价值具体意义的社会生活形式，不献身于使该生活形式能够按照限定它的理念得以出现、演进的条件，我们就无法献身于该特定价值。这一命题涉及规范性理念的性质。

此外，除非我们相信此种社会生活方案为我们提供了这样一个世界，即我们在其中能够更为充分地协调我们最深处的身份认同与我们在欲望与经历的变化无常中努力坚持的自我主张，否则我们就无法献身于此种社会生活方案，并按照其规范预期行事。这一命题涉及规范性实践在我们生活中扮演的最持久的角色，它比对现存安排的辩护以及对传统道德的捍卫更为持久。即便根据现代主义思想所青睐的悖论，我们人类从一开始就被证明没有什么特别的，这一命题也依然是正确的。

无论是做出还是拒绝这些承诺，我们都立基于有关人格与社会的事实之上。诚然，这些事实是多面的，容易被我们的观点所改变。因此，这些观点之间的选择总是有争议，总是受到预先的规范

七 底层观念与深远意义

性承诺的影响。这两个条件显示了规范性实践的不确定性而不是任意性。

又或者,回顾事实与规范之分的批评者可能强调规范性判断之世俗基础的不充分性。无论这一主张可能有什么优点,它都不能用来为事实与价值的传统二分提供辩护。因为历史上各种宗教思想最为显著的共同特征就是,将生活的律令呈现为一种终极现实的愿景。如果没有律令与愿景之间的这一事先关系,即便是"神的命令应当得到服从"这一简单观念也可能毫无根基。

宗教重新解释(信徒可能会说是深化)而不是替代了有关适当社会结构的世俗冲突。社会生活是由于拥抱了一个为每个人指派界定明确的角色及责任的特定分化与层级体系而变得神圣的吗?又或者,它是由于鼓励、表达了离经叛道地拒绝为具体结构指派绝对价值而变得更加神圣、更加值得爱吗?

最后,批评者的意思也可能是,无论是天堂还是尘世,没有任何东西有权主张指导我们的行动。这种观点通常表达为一种看似无害的观念——一个规范性假设必须建立在另一规范性假设之上;然而,该观点很快就会得出结论认为,一旦规范性假设的链条耗尽,所有假设就必须依赖毫无支撑的断言。那么,如果批评者坚持主张任何东西都不具有规范性的力量,我们确实无法反驳。但是,他也不能给我们一个理由,让我们不再赋予我们有关人格、社会或终极现实的基本观念以规范性的力量。

任何对世界的理解都不能以这样或那样的方式告诉我们,是否要为我们的某些理解附加某种力量。尤其是,当它试图推翻的实践至少像其他的探究或创造模式一样,密切地代表着我们个体或集体历史中的一部分时,它就更无法告诉我们。事实与规范之二分的有效意义在于,一种彻底的怀疑主义是无可辩驳的。平庸的怀疑论者,挥舞着事实-价值二分的标准,想要避免这种终极的怀疑主义,同时又不接受有关人格与社会的性质之争的规范性意义。然而他们做不到。

一旦考虑到其所例证的一般性怀疑论进路的主张,我们这里与此种平庸怀疑主义对立的论证就变得更加令人信服。在评估有关外部现实的知识主张时,许多看似关于怀疑主义的争论,最终都是有关下述问题的分歧:一种话语模式(比如社会研究、人文学科)是否以及在多大程度上能够正当偏离通行于另一种思想领域(比如自然科学)的论证标准。这些争吵实际上涉及世界是什么样子、心智如何最好地理解它。有关思想唯一真正的怀疑主义是最极端的那种,空洞到无可辩驳。极端怀疑主义认为有关具体事实的争辩只是我们自我欺骗的策略,否认这些争辩能够揭示任何有关世界的真相,甚至否认它们能够让我们更成功地实现我们的实际利益。回答极端怀疑论者说,没有任何我们熟知的知识形式能够拥有他要求知识所具有的那种无条件的自我确证;这种反驳对他是没有用的,他只会回答说:"这就是问题所在。"

因此,大多数假扮为规范怀疑主义的批判,也代表了另一种怀疑主义的支持者们对一种规范性论证形式的攻击。在这些攻击背后,我们很可能发现有关下述问题的分歧:人格与社会事实上是什么样子,我们作为真正的自己可以如何在社会里生活。例如,当现代主义或左翼的激进分子批评"社会具有一种自然秩序"这一观念的任意一个淡化版本时,他通常被误解为拒绝规范性判断的可能性。我这里的一个论旨是要表明,他事实上可能正在努力以一种不同的视角讨论我们对彼此的主张以及我们对自己的希望。唯一真正的规范性怀疑主义是那种最大化主义的怀疑论者,他们否认这样或那样争议的结果应当指导我们的行动。

我们无法排除知识中可能存在的缺陷,这种缺陷既不能转译为心智所不能及的有关世界本质的分歧,也不简化为对知识可能性不可争辩的冷酷怀疑。同样,也没有确切的基础让我们无视下述可能性,即一种评价和重塑理念的新进路也许会改变规范性实践的特性,并在此过程中改变我们自己,同时又不堕入极端怀疑主义的泥潭。本论证中纯粹的给定性与偶然性因素符合一种思辨思维的风格,这种思维风格坚持即便是最为放胆的主张也应有经验主义的位置,拒绝将解释等同于必然性证明。

即便本书所提出的批判性与建构性规划最终不需要一个超越内部演进界限的辩护,它的深远意义也会遍及社会思想的每一个领域,并且在每一个领域重现本书最后几页所涉及的许多问题。接下来的部分从四个领域描绘这些深远意义:意识形态争议的话语、政治哲学的方法、现代主义经验中的自由与结构,以及社会理论的议程。

§2 更深远的意义

1. 意识形态争论的话语

从批判法学运动的工作中得出的有关意识形态争议的主要结

论,直接来自于对客观主义的批判。那就是,我们驳斥将诸如民主、市场等抽象制度的努力与这些努力碰巧在当代世界所采取的具体制度形式心照不宣地等同起来。我们教导自己,不要认为当今争夺世界统治权的主要政府秩序与经济秩序是人类必须在其中进行抉择的穷尽选项。

客观主义批判及其建设性后果对于捍卫已经在北大西洋国家建立起来的制度安排具有更切实的意义。再次想一想合同与财产权体制及其建立的那种相对去中心化的经济吧。依然还有一些保守的公法学家认为这一体制与自由事业有直接关联,甚至认为它是定义自由本身的必要组成部分。不过,大多数既有私法秩序思维缜密而睿智的辩护者,他们乐于承认有几个事实让人对这种关联产生了怀疑。

第一,很明显,这些财产权在很大程度上涉及对社会资本可分割部分的无限控制(在时间连续性与使用范围上都是无限的),为某些人或者这些人占据的或多或少牢固的位置,创造了一种使他人陷入依附境地的权力。因此,私权体系在抵制压迫的防卫措施与压制手段之间缔造了一种似乎牢不可破的强大联系。

第二,私权体制连同诉诸技术上必需这种必然性一起,为行使某些形式的规训惩戒权力提供了授权,严格的权利义务分配无法有效规制这些权力。这种授权最适合于大型组织的内部生活及其上下级之间的关系。实际上,我们现在通常认为定义了一个自由社会的私权秩序,总是与一套不符合自由准则的观念与实践共同起作用。起初,这种非自由的补充形式是由社团主义及国家干涉主义社会的制度安排提供的。这样的制度安排即便在像美国这样已经完全进入自由主义时代的社会里也依然十分重要。后来,大型组织内的命令与控制形式提供了一种不可或缺的附加元素。由此,在这些社会历史上的每一个节点,私权都与各种在很大程度上消解了其公开社会意义的组织形式共存。

还有第三个事实也质疑将自由事业简单等同于现有财产与合同体制。那就是,在现有民主国家,权利的获得并不取决于任何财产所有权特权,因此也就不会提供任何压制手段。它们不能作为法外控制形式的基础。最为重要的例子就是公民及政治权利、福利权。

为什么甚至对那些承认上述三个事实的人而言,现行的财产与合同方案也应当是可辩护的呢?答案与明显缺乏富有吸引力的可行替代方案有关:其他替代方案要么专断,要么低效,要么既专断又低效。与当代国家的环境及责任相符合的各种替代方案,似乎都需要将不可分割的生产性资产经济主权——一体财产权——要么转移给中央政府,要么转移给在资产转移时碰巧在特定企业工作的工人们。

对财产与合同底层的基础性假设的批判以及纲领性替代方案的发展,让我们能够抨击这种有害的成见:市场经济能够用不同的方式、以不同的财产与控制体制为基础被组织起来。我们有关市场经济能够或者应该是什么样子的公认观念,在很大程度上是基于"没有替代方案"这一成见。

2. 政治哲学的方法

在当今的英语国家,大多数政治哲学都遵循着一种单一的风格，一系列表面上的对立部分掩盖了这种风格的统一性。这些对立中最声名狼藉的是功利主义与社会契约论之间的对立。这些表面上截然对立的观点都共享着一种有关选择自我的观念，这种自我的关切可以从其所属的具体世界中加以抽象地定义。这些世界，要么是某种特定的哲学方法一旦被允许就想要改变的一部分，要么是选择者欲望及信念的部分决定性因素。从任何重要的意义上来说，历史本身都不会成为道德洞见的来源。

这一方法的一个实际后果是，虽然现存社会可能具有某些不公正或不适当的特征，但是基本的社会秩序还是值得公开接受或默示认可的。（这一点并不适用于边沁的规划：他主张的是一种与某种人格和社会政治观紧密联系的、彻底的社会重建计划。）

这一政治哲学方法与温和改良主义的关系尽管可能松散，但绝非偶然。一旦理解了这一哲学进路的问题所在，这一关系就变得明晰：除非由外部观念与承诺提供支持，否则它很难提供指导。这一传统中有两条逃避这一不确定性危险的主要道路。描述这些避免模式所采取的功利主义与社会契约论形式，可以展示我们的工作是如何威胁到这一政治哲学进路的。

实现所需确定性含义的一条道路是，限制性地定义构成该方法主要质料的各种欲望和直觉。它们必须被限制性地定义，以便于让所有重要的结论都已经包含在对这些起点之特性的描述中。

为了给计算者提供足够精确的信息，构成功利主义计算原材料的欲望，其定义必须要受到几个限制。一方面，复杂性，尤其是相互矛盾或相互冲突的欲望形式的复杂性，必须受到控制。另一方面，不管既有制度结构可在引发欲望方面起到多大的作用，也不管个体的欲望与其想象的可能性之间是何种关系,现存欲望必须被视为给定事实。

这两种限制性简化相互重叠。欲望之复杂性与矛盾性的一个最为显著的来源,就是会同时感受到令人愉悦的欲望与其他难以名状的渴望,前者认为某种给定的制度结构理所当然,而后者则以逃离该结构或改造该结构为先决条件。因此,在当今富裕的北大西洋国家,通过高雅文化与流行文化的各种承诺,个体沉迷于其日常生活所摒弃的各种冒险与赋权幻想。

没有什么能够阻止一个完全不可知论的、形式化的功利主义版本将被结构否定的欲望当作给定事实。不过,这类欲望也可能因为下述三个原因而被忽视。第一,它们的范围与内容太过多变,以至于很难在功利计算中被轻易计算出来。第二,不同个体对可选择的不同社会关系的诸多渴望,要远比他们对在单一的社会关系中获取利益的各种欲望,更可能彼此冲突。结果就是恶化了"欲望聚合"(如何概括不同个体的欲望)这一难题,而这在功利主义受到的传统批判中占据主要位置。第三,那些忙于批判一种社会体制、建议对之进行改革的人,不太可能找到一种如此不符合历史事实的思维方式来助益其目标。

类似的限制性简化技巧使社会契约论摆脱了它本来可能陷入的不确定性,尽管其简化技巧可能采取了更精妙的形式。现代契约论的核心是一种理想的选择情境观念。在此理想情境下做出的任何有关分配正义原则与社会组织原则的决定都是正当的,因为设计这一情境就是为了避免人们偏袒自己的利益,甚或偏袒自己有关善的观点。按照这种传统,这种偏私构成了正义的主要威胁。

实现契约论的主要障碍还是在于其不确定性。理想的选择情境要么不能产生确定的结果,要么不能在有关善以及社会组织原则的各种观念间保持中立。只有牺牲"中立性"这一限制,它才能取得指导行动的力量。

精妙的契约论者坦率地承认他无法从空洞的形式中推导出内容。他认为理想的选择情境所具有的特征,是我们现有的道德直觉与我们早期对道德直觉的批判反思相互作用的正当结果。他建议,我们应当揭示蕴含在这些直觉中的一般原则,然后清除或纠正那些经过深思熟虑后与我们的道德信念主体部分不相一致的信念。我们允许人们在理想的选择情境下做决定的基础、我们所信任的知识与关切,都能够被验证为是这种早期道德自省结果的表达。于是,契约机制被降级为只是尽力维持具有独立基础的各种选择的潜在意义。

道德直觉构成了道德反思的基础,道德直觉的定义也面临着与功利主义理论定义欲望相同的难题。为了让道德学习过程发挥作用并达致确定的结论,契约论者必须以同样的方式、基于同样的理由,像功利论者界定欲望那样限制性地定义道德直觉。他必须在分析的首要阶段就做他本在随后的阶段才必须做的事情,也就是说,在起点处就提前运用其结论,同时又主张其结论的权威;而事实上这种提前运用已经损害了其结论的权威。

功利主义与社会契约论共享的这一哲学进路还有另外一种试图避免不确定性危险的道路。那就是,将该理想方法——不管是功利计算还是契约选择——等同于有关民主或市场的现存制度安排。这些制度安排变成了定义一般权利的要求以及各种具体权利的内容的程序。按照这种定义,它们形成的任何决定都是公平的。

"限制性地定义欲望或直觉"这一对不确定性问题的早期回应,已经暗中包含了第二种策略的一个元素,那就是,无视下述事实产生的道德后果:欲望与直觉可能要么来源于既有的社会实践,要么随着有关这些实践的可改造性假设而改变。不过,作为一种独特而自足的解决方案,第二种方法有其吸引力。它似乎提升了这种哲学方法的试验性和普及性;它似乎也避免了教条主义与精英主义,而这两者是诉诸"声称确定什么是独立于民主或市场所决定之事以外的正当"这一技术所固有的。

我们的工作已经协助关闭了第二条逃避的道路。我们这样的做的方式是揭示市场与民主现有形式的制度细节。我们已经表明,这些制度安排的设计不能从经济去中心化或人民主权的抽象观念中推导出来。此外,从整体上来看,这些安排系统性地偏向于社会变革的特定方向和特定利益集合。这一偏向助长了一种特定的社会分化与层级计划,变得更不愿意接受日常冲突的风险与集体选择实践。现有的市场与民主形式因此也不再是这一理想方法值得信赖的体现。

结果是,政治哲学问题通行方法的全部重担都压在了上述更公开、更直接的第一种控制策略之上,也就是欲望与直觉限制性的初始定义。随着我们在其中形成直觉与欲望的、有缺陷的社会与思想体制造成的影响越来越明显,这种限制性的定义反过来又失去了某种说服力。任何哲学戏法都不能让我们免去理解、面对、改变真实社会结构的必要。

3. 现代主义经验中的自由与结构

为了充分理解本书观点对政治和道德哲学的建设性意义，让我们考虑一下这些观点对现代主义经验和思想的核心议题之一的影响。我说的现代主义是指兴起于20世纪早期的艺术与理论运动，它批判价值层级体系以及个体与集体经验受到的限制。它试图削弱在日常社会生活中依然不受批判与重建影响的一切实践结构或信念结构。

在现代主义者看来，自由要求或者说实际上代表着为反抗恣意压迫而斗争。可是，如果现代主义的核心传统是可信的，那么除了直接对抗空虚而痛苦的自由感以外，并没有什么能够超越隐蔽的限制，超越个体与集体经验中那些反复出现的、无法摆脱的限制。每一次对这种感觉的逃离，其实都是逃进了破坏自由的怀抱——支持毫无根据地限制个体与集体的存在方式，支持让个体人格跪拜其误认为是自身无限甚或有限的自我幻象。

我们的工作已表明了自由如何能够获得其内容，即它如何能够存在于某种由制度限定的社会生活形式当中并且通过这种形式得以存在，而不被等同于一个任意限制的人性版本。这样说起来，本书所建议的解决之道看起来似乎在表达上自相矛盾或者是在玩文字游戏。不过，只要其中的关键观念得以详细说明和进一步阐发，它们就可以用来表达一个虽有争议却十分清晰的论证。

对现代主义来说，令人尴尬的问题是：反抗隐性强制的斗争将引向何处去？有两个可能的回答，但二者最终都不令人满意。

第一个回答，也许可以称之为"亚里士多德式的"，我将许多与亚里士多德的形而上学无关甚至与之针锋相对的观念都纳入到这一范畴当中。亚里士多德式的回答认为，与任意限制相抗争的目的是实现一个客观的社会或个人生活理念，这种客观理念就位于不正当限制的另一边，等待着被实现。这一解决方案的主要麻烦在于它没有认真对待那些导致现代主义困境的经验，只是理论上的假设，而不是无可争议的事实发现。

亚里士多德式的解决方案赋予了一种有关人格与社会的特殊愿景——一个独特的社会世界的投射——以一种其并不具有的普遍权威。由于缺少有关来世的现实，这种人格能够赋予其权威的唯一对象就是它本身，除非它将权威赋予其所处的社会或文化。但是，并没有某个具体的社会或文化对这一自我的能力或渴望具有最终发言权。

亚里士多德式的解决方案还将历史简化为对我们的经验没有道德意义的背景。然而，正是在历史中我们才发现了我们自由的范围。我们对限制和改变的试验，让我们修改了我们有关自我与我们建立并栖居其中的社会或精神世界之关系的诸多假设。

这一问题另一个可能的回答，在任意限制的另一边，也许可以称之为"存在主义"。这是现代主义者们自己通常给出的答案，也是在缺少替代亚里士多德式视角的替代方案的情况下，他们必须给出的回答。在存在主义这一边，除了自由本身的消极经验外，它什么也没有看到。其目标是，主张作为自由的自我，要反抗既定社会或精神结构中那些片面、人为的东西从而自由地生活。存在主义的立场由于自身的原因看上去不太令人满意。它没能认识到，各种持久的社会和精神秩序彰显人之自由的程度可能彼此不同。

因而，它也无力充分应对一个基本的反对意见，那就是，真正的自由必定带来持久的社会实践和制度，这种自由不会满足于打破情境的短暂行为。

以上讨论的要点对政治和私人生活都会产生决定性的影响。存在主义的命题表现在一种左翼主义中，而左翼主义已经在疯狂的解构中耗尽了自身，因为它并没有实际的替代方案以取代其所反对的政府与经济安排。存在主义本身还表现在，相信建置化的社会形式与真实的人际关系必定相互对抗。这种信念在导致对文化革命实践最为常见的曲解和误用方面发挥了决定性作用：人们为了一种无望的自我关切牺牲了更大的团结，其中一些人不能将他们在主体性与联合方面的个人体验同对其社会的重塑联系起来。

我已经勾勒的建设性规划与社会理念的重新定义中暗含的观点，相较于亚里士多德式的立场，要更接近于存在主义的立场。它将现代主义的经验与思想视为其起点之一。然而，它从根本上限定了存在主义的命题，以至于它改变了现代主义有关自由及其限制的底层观念。

现在看一看我们这里所辩护的方法与亚里士多德式的观念有何不同。我们所建议的社会理念及其纲领性发展不是简单地在几个同类型的个人或社会理念——至少在它们施加的限制方面是相同的——之间选择一个。本书此前阐发的建设性观念的一个关键前提是，除了别的方面以外，不同社会世界与精神世界能够让个体在日常生活中体验到真正自由的方式与程度都各不相同。本书此前讨论批判客观主义的建设性结果时所描述的一个有关社会理念的等效定义已经凸显了这种自由的若干维度。这些维度包括,在日常政治与生活过程中,某一体制能够成功地提供自我修正的手段。通过成功提供自我修正的手段,该体制能够克服在结构范围内的活动(社会的再生产)与关于该结构的活动(社会的改造)之间的对立。

此种社会理念的内容既不是关于自由应当如何受到限制的观点,也不是关于如何协调自由与其他目标的建议。它是一种有关生活条件的分析,这些生活条件既使自由成为可能,又有助于型塑自由的内容。因此,这种分析引向的是去寻求制度重构与文化革命实践的主动行动,这些行动才能让自由的目的更加真实。即便这是一种肯定性的积极观点,它也仍然始于一种无情的有关自我的否定性的消极观念——发现自己的超越性能力和自身栖居其中的社会与文化限制之间存有差异。这样的自我于是千方百计尽其所能为缩小这一差异而斗争。如果这一愿景看起来不符合"自由与结构之间的不可调和性"这一前提,那么这一前提就更糟糕了。它从起点开始就不可信。问题依然是,如何既拒绝这一前提,同时又不用默默退回到亚里士多德式的观念?

4. 社会理论的议程

从19世纪、20世纪早期承袭而来的综合社会理论使用了两套观念的一种或另一种变体。其中一套观念囊括的观念包括:一系列限定明确的社会世界、生产方式、阶级冲突体系、社会团结的形式以及理性化的不同阶段。历史上发生的每件重要事情,要么能够被理解为区分历史生活每一个基本阶段的各种规律的结果,要么就是从一个阶段过渡到另一个阶段这一重重冲突过程中的一个偶然事件。这一观念就是为左翼分子提供了主要理论工具的马克思主义及其他诸多影响力较小的社会理论最为核心的观念。另一套观念在经济与组织理论的某些方面更为显著,认为有一个可能社会世界的清单,其中的每一个社会世界在特定附属条件下都能变成现实。

这两套观念共享着同一种社会历史观,认为历史有着某种连贯的、连续的叙事弧,社会遵循着某种深层的、潜隐的、不可逃脱的必然性逻辑。这些伟大的力量代表着命运的声音。一方面,更高级的叙事或更深层的蓝本支配着社会形态的演进。另一方面,它也决定了这些可能的社会形态的边界和身份,规定了每种形态成为现实的条件。

这一社会思想传统不恰切地杂糅了两种不同的观念。其一是承认历史与社会生活在某种基本的意义上是结构化的、不连续的。在任何时候,各种相关的前见与制度安排塑造了大部分日常的实践活动与思想活动,同时它们本身又不受这些活动产生的日常干预的影响。正是因为这些构成性背景,各个社会具有显著的不同。

历史是不连续的,即构成性结构本身的变化与这种结构内部的改变具有鲜明对比。承认社会生活的这种塑造性与朴素的历史编纂学视角相对立,朴素历史编纂学只是看到事件一个接一个地发生,不可避免地轻视社会冲突的重要性和历史环境之间的区别。然而,这一社会理论传统将虽不确定却看似合理的结构与不连续性命题,同错误的主张——引入某种支配低级结构并预先确定其身份的高级结构——杂糅在一起。下述担忧虽然不能证立但是可

七　底层观念与深远意义

以解释为什么诉诸这一大胆的假设：担心如果没有这种假设，就无法理解社会结构如何改变以及为什么改变；否则，统一每一种结构的构成元素就可能会没有基础，更一般地说，历史或社会"科学"就可能会没有基础。结果，这种进路为重回朴素历史编纂学的立场打开了方便之门。

人们通常认为当代社会理论和社会科学已经否决了这种元结构观念，也就是相信更高级的叙事或更深层的逻辑。然而，事实上，最具抱负的社会思想形式继续活在犹犹豫豫、半推半就地反叛这种元观念的花花世界里。这种犹豫不决的一个典型例子就是，过度使用诸如资本主义、市场经济等概念，就好像它们设计了某个限定明确的社会世界、结构或体系，其间的一切元素都互为预设、互相依存似的。如果不从一个宏大的视角出发，将这些所谓综合的社会体制中的每一个都视为某一个序列中的某一个阶段，或者视为可能的社会之有限清单中的某一个选项，这些概念就没有任何意义。当代社会思想还继续依赖这一智识传统各种稀释了的版本，其另一个迹象是，它未能清楚地认识到，更彻底地摒弃元结构假设所导致的谜团，才是其自身的核心问题。

我们对客观主义的批判以及这一批判的建设性后续成果，从根本上攻击了制度类型的概念，这种概念依赖于其支持者们声称已经脱离了的诸多社会理论假设。一旦同其他社会思想领域的类似观念放在一起，我们工作的深远意义就在于更为基本地重新阐释社会理论的各项前提。历史社会学与社会学历史中的这些类似观念，让"社会劳动分工具有自主动力"这一命题名誉扫地。相同水平的技术能力出现在截然不同的组织环境里。类似的组织类型也在宽广的不同社会与组织背景下蓬勃发展。

由此,例如,欧洲乃至全世界的工业化经济发展就没有呈现出一套整齐划一的阶段或更替,更不用说展现了一份开放的变体清单。偏离正统的模式反复出现。正统的主导形式通过权力政治与文化的胜利取得了优势。我们无法以任何决定性的、延伸性的限制体系为基础来解释这种胜利,包括物质生活的限制在内。

当这些社会理论的发现与我们工作的批判性和建设性含义结合在一起,其共同效应就是基于更为宽广的基础,直截了当地攻击这种思考社会与历史的方式,这种思考方式迄今为止似乎是朴素历史编纂学唯一连贯的替代方案。我们已经把以下问题列在社会理论议程的首要位置。一方面,各种实际的或想象的结构有助于型塑日常政治和经济活动,同时又能在这一活动产生的正常干扰中保持稳定。然而,另一方面,并没有更高级的秩序支配这些结构的历史或决定它们可能的身份及界限。说不存在有关社会组织形式的可数清单或确定序列,就是承认每一种社会形式的构成元素都不必共同进退、相互依存。承认社会生活的塑造性与否认元结构,这两套观念的关系现在已经成为社会理论大多数基本争议必须解决的轴心问题。

社会理论起点的这种转变看起来也许像是一个智识上的自我摧毁行为。毕竟,迄今为止为左翼服务的主要理论传统,比如马克思主义与结构主义,都严重依赖于历史法则的观念,无论是历史演进的强制性序列还是其他可能世界的变体。不过,这种表面上的智识自杀,让批判社会思想的基本目的与方法战胜了那些不能完美运用这一方法和表达这一目的的观念。

七　底层观念与深远意义

从一开始目的就是将社会理解为被塑造、被构想的,而不是单纯在自我生产过程中被给定的,这一自我生产过程可以独立于意志与想象而展开,并可以不断迫使人们重演他们无法终止甚或无法理解的戏剧。批判社会思想反映了这一目的。其方法是,将社会生活各种构成性的制度化背景和想象性背景解释为被冻结了的政治,将其每一个元素追溯到该元素所代表的限制变革性冲突的特定手段及其历史。这种方法必须与把特定社会世界的运行看作好像它们界定了社会生活现实的及可能的边界的取向打持久战。

八　另一种政治

批判法学运动是变革运动的一种典范。它对某种限制与失望体验提供了初始回应,这种体验变得越来越普遍。为了进一步澄清和支持这一主张,我首先推荐一种不同的环境与意义,我们已经在其中开启变革行动的进程;然后,我将辨别我们的运动从实践上、理论上对之进行回应的历史背景所具有的限制性特征,并且根据对该环境的理解,描绘我们的回应所例证的政治模式。这一分析将阐明批判法学运动作为理论与作为实践的关系,它也展现了我们如何超越标志着法律进步主义的理论(对形式主义与客观主义的批判)与实践(只是将法律与法律思想作为实现左翼目标的工具)之间零散的随机关系。

§1　政治行动的环境

变革活动的第一个领域就是我们的实质观念对社会生活进行民主改造的贡献。对客观主义的批判及其建设性发展质疑了意识形态争辩的既有话语。它们打破了可及的制度替代方案与任何实际或道德强制的底层基础计划之间心照不宣的联系。它们拓展了集体可能性的意义,让理念性观念更具争议性、更加具体,这些理念性观念通常被作为规范性论证的起点。

与此同时,有关社会生活形式的斗争,通过反叛正统的"异端"学说,为我们所捍卫的理念方向上的制度革新创造了机会。我们的观念表明,我们可以逐一替换某个构成性的制度或想象结构的元素,并非只能一次性全部替换。在革命(暗指人民起义与总体改造的结合)与保守的改革之间,还存在着权宜的革命性改革,这种革命性改革替换了某一构成性背景的构成元素之一。

只有日常活动、生产与交换以及有关政府权力的掌控与行使的冲突经常采取的形式发生了实际改变,才能表明是否确实发生了对构成性背景某一构成元素的替换。通过重塑政府权力的行使,具有纲领性鼓舞力量的反叛正统的"异端"学说能够为集体动员提供机会。这些努力的变革效果可以是直接的,也可以是间接的:如果它们影响了制度变革,那就是直接的;如果它们有助于激发、影响不同于既有安排的对立图景,那就是间接的。这些机会能够或直接或间接地支持彻底的改革——逐一却渐进累积地修正制度及意识形态安排。

延展后的学说开放出来的机会可能还没有被察觉。即便它们被察觉,利用它们的尝试可能也还一无所获。如果我们把我们的概念活动想成是对实际冲突与创造的一种取代,甚至是一种洞见来源的取代,那么我们就可能陷入我们的批评对手所犯的那种错误之中。然而,无论在思想上与实践上成就了什么,都有助于激发另外一种未来。

变革活动另一种类似的环境是我们的专业技术观念和实践。公认的观点认为法律实践是在某种制度与想象框架下捍卫个人或群体利益，至少为了这种捍卫的目的，上述框架必须被认为是给定的。显而易见的唯一替代方案是诉诸一种集体善或公共利益的观念，然而这种方案缺少任何精确的内容，看起来只是在拒绝为个人利益服务。这一替代方案在理论上的影响在于，其空洞性和否定性反而确认了它佯装逃离的秩序。它的实际意义在于证明，不那么唯利是图的法律实践形式作为对主流律师常规工作的事后辩解是正当的——即便不在律师个人的职业生涯当中，也在律师业的活动当中。

对我们而言，法律实践应当是，而且在某种程度上一直是为个人或集体利益提供法律辩护。辩护的方法既揭示底层基础性的制度体制及想象体制的具体细节，使其暴露在能够随时逐渐升级的一系列小干扰之中；同时也建议各种替代性方法，以界定集体利益、集体身份以及有关可能性的假设。通过适当调整，同样的要点可适用于一切专业技能。更一般地说，再生产社会的方法总是包含在破坏社会的工具本身当中。这些观念渗透进了一种独特的法律实践进路当中。我此前曾描绘过社会不稳定与反叛正统的"异端"学说之间的关系，这种独特的法律实践进路正是以此种关系为导向的实践观。

随着法律分析接近反叛正统的"异端"学说，随着社会开始执行此前所描绘的制度规划，法律专业技能的品格也可能随之改变。法律人与门外汉的区别可能会逐渐消逝。如果法律学说与其他规范性论证模式间的连续性得到承认，如果规定独特的司法机构以外只需存在一两个政府部门的制度计划得以重建，如果早在这种重建之前对固有制度角色逻辑的信念就被抛弃，那么，法律专业技能就只能作为不同类型洞见与责任的松散集合而存在。每一种都会将当前法律职业主义的元素同所谓非法律形式的专业知识与经验结合起来，也会同各种政治表达结合起来。在更为民主、更少迷信的社会里，一切以专业知识之名垄断某种权力工具的主张将会引发什么，法律界的这种分裂可以作为一种模型。

我们的变革活动最为直接的环境——法学院——从表面上看也是最不起眼的。我们在法学院的使命性质，最好地体现在我们对学生们的应答上；学生们的处境甚至比我们自己或同事们的处境更明确、更直接地揭示了我们共享的环境所具有的道德属性。就本书的论旨而言，传记式的方法与智识上的失望一起限定了这些严肃的法科学生面临的困境。

对一名法科学生而言，考上法学院通常就意味着，以现实的名义将青少年对社会重建或智识创造的幻想搁置一旁。他需要的不仅仅是一份工作。他接受下面这种典型的现代甚至是现代主义理念的精神权威：在一定程度上，你通过努力改变社会与文化既有结构的某些方面来肯定自己的价值。你通过以一种明确的方式主张自己有能力脱离该结构内的任何特定位置来创建自己的身份。然而，你也必须承担某种社会角色，既要能发现变革承诺的某种现实版本，也要能防范其失败。

然而，每前进一步，偏离正统的机会似乎就更小、风险也更高。为了换取现实主义与服从的平衡，社会秩序承诺了一系列无穷尽的回报。似乎没有拒绝这些回报的正当理由：现实的替代选择方案看起来不鼓舞人心，而鼓舞人心的替代选择方案看起来又不现实。

一个经历了这样的精神之旅的人，不可能轻易重拾对下面这种世界的信念：在这种世界里，正当来源于诚信地扮演限定明确的角色。这种角色体系是某种权威的道德秩序与社会秩序的外在表现。如果没有这种信念，或者没有成功以变革性的职业观念取代这种信念，那么工作就只是纯粹的生活必需品，丧失了更高的意义或效果。除了技术复杂性及解决疑难所带来的乐趣之外，工作只不过是获得物质享受的一种手段，如果你幸运的话，它还可以成为家庭幸福或个人消遣的一件事情。

在法学院，学生们听说他们将被传授一种有力的分析方法。这种方法旨在适用于一种法律体系，该法律体系在有限却重要的程度上呈现为一个贮存了诸多可理解的目的、政策和原则的仓库，而非为争夺政府支持而进行的无尽斗争中诸多不牢靠的解决方案的集合。然而，课程传递的真实信息是要撕破这种伪装，这一启示已经在我们对形式主义和客观主义的批判中得以表明。这一隐含的启示教训不同于其愤世嫉俗的消极性所表达出来的那种公开的启示教训。它告诉我们，论辩操作中低水平的技巧与高水平的诡辩技巧的混合，就是法律分析的全部，也是其能够实现的全部。言下之意是，这就是专业技能可以影响国家权力行使的全部方法。

传记式的方法与智识上的暗讽对学生和老师会产生同样的道德效果。他们为更好地奉承虚荣而伤害了自尊；他们给受害者打气，只为了让他们更加容易摆布。他们共享的教训是，既有的思想体制或社会体制虽是偶然的，实际上确实也是不可能改变的。他们宣扬内心与现实保持距离，却对打破现实的枷锁丧失了信心。他们诱导人们荒谬地尝试将自己安排进一套自作聪明的等级制度之中,以此分散人们的注意力。

为我们的回应提供了起点的心理学洞见意识到,生活在历史中的感觉是每一种慷慨冲动必不可少的前奏,这种慷慨冲动能够超越最亲密的个人依恋。生活在历史中,除了其他方面,其表达的意思是,在知道有关集体生活条件的冲突继续存在于技术和日常生活中的情况下,积极地、有意识地参与其中。为了讲清楚这个事实,我们将这一消极的启示教训推到了极致,在这一极致点上也是我们开始建设性洞见的地方。我们勾画了有关一种观念活动与实践活动的图景,它代表了人们不屈服于社会的公民社会生活方式的典范。

对于发展和捍卫如此重要的教益而言,我们的图景似乎只是一个狭窄的领域。然而,这种教益的部分要点在于,任何行动理念或洞见形式在穿透到行动和思想的具体场域之前,都不作数。一旦被渗透,那么不同领域最终都会呈现出显著的可类比性。由此,这一回应的针对性,超出了它直接处理的专业实践与学术生活这一又小又特别的领域。在一个梦想破灭和纸上谈兵的世界里,在一个抽象早就不再是活生生的理论的世界里,它具有更宽广的适用。这类抽象一旦被程式化、被毁坏,就会变成社会实践形式的指导原则或空洞口号,赋予这种社会实践以虚假的意义、权威或必然性表象。

§2 变革性政治的重构

在这些不同环境下开展的变革活动可以被理解为是对特定历史情境所做的一种独特的甚至是典范性的回应。为了掌握这一回应例示说明了什么,我们有必要回顾这一情境的各种因素。

其中一个因素是有关革命性变革的想象机制被破坏、实现的现实场景消失。传统的革命概念将日常社会生活构成性环境的基础性改造(即便并非总体改造)观念,与广泛参与重建国家暂时不再控制的社会秩序观念结合在一起。在历史社会理论与批判社会理论的主流传统及其鼓舞的庸俗信念中,革命似乎是真正社会变革的最大希望,是替代通过改良主义修补无休止地复现社会的唯一明确选择。在这种承继下来的图景中,革命的核心机制是持有异见的精英与受压迫的群众之间的同盟。

然而,在西方工业化的民主国家,这一机制所预设的简单的等级对立,一直不可救药地与其群众政党政治形式、劳动力的极端分化,以及或多或少共享的、集高雅与通俗于一体的文化语言混杂在一起。此外,教科书上的现代革命案例也几乎始终如一、无一例外地取决于一些非常有限的赋能条件的出现。其中一种有利情境是,随着战争与占领的发生,国家的各种镇压、协调机制陷入瘫痪。另一种有利情境是,在反抗残酷暴政的全国斗争中夺取政权的那些人,其所做变革承诺产生的影响。然而,发生在我们自己历史情境内部的战争不是过于有限就是过于恐怖,不足以产生这种赋能效果;而残酷的暴政在工业化的西方并不存在。由于革命机制与革命机会的消失,留给我们的似乎只有有关日常政治的琐碎争吵,别无其他。

这一宏观情境的第二个特征是,在富裕的北大西洋国家以下二者奇怪并存:一是个人关系领域持续不断的革命,二是为政府权力行使与社会制度结构而斗争中的反复与游移。我此前已经表达过对这一文化革命实践的意义及其意图的看法。其目的在于,把人们之间的实际关系与情感关系,从任何社会分化与层级的背景计划的束缚中解放出来,同时重新组合与不同的社会或性别范畴相关联的各种经验与机会。像其在西方发达社会所做的那样,它切断了与有关制度结构的实际或想象性争论的联系,在此意义上,这种文化革命实践经受了一种扭曲与颠倒,让不恰当地寻求满足与自我实现,优先于其他形式的主体性或团结。

我们的历史情境的第三个特征是,古典自由理论所描绘的公民与所有权人同质化的社会空间与社会生活的实际组织之间的鸿沟。整个社会看上去是相互重叠却又彼此矛盾的一套权利体系。这些权利,只是部分由法律设定,建立了一个社会地位体系。该体系中的每一个位置,同时由其与其他位置的关系、由其获取政府支持的程度和特征来确定。政府的支持既包括直接或间接地分配物质资源,也包括创设法律规则将临时性优势变成授予性权利。社会地位方案中的每一个位置都是一个避风港,每一种独特的生活形式都能在其中蓬勃发展。

如果被狭隘地理解为国家控制权的斗争,那么政治也许可以作为一种或多或少分散的利益集团之间的斗争而得以实践。然而,这一过程并不能表达社会的基础性特征。相反,它有助于解释为什么社会作为一个相对静止的劳动分工,应当如此不同于政治。这是一种旧制度的新形式。它的成就是,将享有权利的体验,至少是享有不属于个人依附链条环节的那些权利的体验,延伸到广大的普通劳动男女身上。它最醒目的缺陷是功亏一篑,即未能将享有权利发展成为对社会生活条件的积极赋权。它也未能克服政治组织与社会组织之间的明显差异,前者是各种分散的、纵横交错的利益集团以及意见党派之间的斗争,而后者是一套固化的分化与层级体系。这种体系让个体被束缚于在相对稳定的劳动分工中或多或少被严格限定的位置之上。

能够在我所描述的情境中采取变革行动的运动,必须摒弃保守的改革或教科书式革命的那种错误的两难困境。它必须找到方法,以推翻个体关系政治与大规模的制度结构政治之间的对立。它必须利用社会高度分化的特征,利用社会被分化为等级有序的权利堡垒,以便于更好地试验能够克服对立的社会生活形式:权利享有与赋权之间或者宏大政治的特性与实际社会生活现实之间的对立,而社会的分化有助于强化这种对立。我们的运动虽不完美,却是这类变革行动的最初典范。它的方法是,识别那些贯穿于法律思想、法律实践的工作或以它们为媒介的工作所带来的机会与限制。

一组在某个制度港湾或权利体系的社会地位领域内行动。它在这个社会世界的某个角落开辟出了不同于社会生活主流计划的对立模式。经适当修正,这种对立模式能够延展至其他社会领域。与此同时,它运用自己掌握的物质资源与观念资源,去帮助动摇其他社会领域,使它们接受有关权力与协调形式的冲突。我们自己对这一变革实践所预期的版本,其独特之处在于"权利的界定"这一直接主题有助于塑造社会生活的每一个领域。

另一组以刚才描述过的方式工作,攻击个体关系政治与巨大的社会权力政治之间的边界。它处理制度体制的具体细节,这种制度体制设定了人们能够彼此提出权利主张的条件。通过预示或

八　另一种政治

鼓励该制度秩序的某种局部变化,它集体性地、有意地改变了这些关系。从其本质上来看,权利的界定跨越了社会生活的宏观结构与微观结构之间的鸿沟。

这一变革努力不会自己设立其目标。它需要指导,这种指导由内部演进实践或富有远见卓识的想象性洞见来提供。不过,方法与目标密切相关:之前勾勒的纲领性愿景的目标之一是,永远让社会生活更加乐于接受变革性的活动,这种变革性的活动像我们现在描述的活动一样,也代表着一种赋权模式。实现这一目标,就是执行规划——让每一种社会的关键特征都有效地面对并接受争论、冲突和修正——的一部分。

我们的观念提出了一种逐步渐进却意义深远的社会重建方法。即使这种方法是渐进的、零散的,但是其结果却可能是革命性的。我们的观念为权利界定的实践提供了机会,不断地重新提出"人们之间的关系在不同的社会生活领域应当是什么样子的"这一核心问题。更具体地说机会就是,围绕着限定了市场与民主之制度形式的法律范畴与权利而斗争。我们的观念也提供了方法,那就是反叛正统的"异端"学说所阐明的,公认的理念与制度体系有争议的内部演进。我们的观念还生成了一种生机勃勃的社会愿景,将消除针对既有秩序的革命性斗争与在其范围内的常规活动之间的对立。因此,这样的社会将更为彻底地将生产、交换以及个人依恋从支配与依附的损害性力量中解放出来,从某种未经检验的可能性意义的强制中解放出来。

结论：不一致性的启示

批判法学运动面临的主要反对意见是，我们的智识承诺及政治承诺的范围与我们的情境所受到的严苛限制之间存在难以弥合的差距。我们必须决定如何理解这种差距。

首先，我们的变革目标与既有的社会和平不相称。我们并没有在声称战胜了政治的某种社会与法律理论的蒙骗下，为我们在政治上的失望寻求慰藉。尽管周围的人都暗中否认制度安排的可变革性，同时也断言其偶然性，我们依然拒绝将战后时代这一摇摇欲坠的制度安排，错误地当作道德律令或历史命运的安排。

其次，我们面临着理论关切范围与我们在其中追求理论关切的领域相对有限之间的反差。每一种激进的运动，无论是作为左翼意义上的激进还是作为彻底性意义上的激进，都必须摒弃"技术上的"与"哲学上的"这一对偶。如果要想彻底实现其纲领，就必须坚持在具体的学科与实践内实现其理论纲领。

最后，我们的目的与它们所呈现的古老社会形式之间存在明显差异。这是19世纪时髦的资产阶级激进主义中那些不满现状、好搞派系的知识分子们共同努力的结果。对于所有那些参与这一努力的人而言，目的与存在之间的不一致一定是导致不满的原因。我们既不压制这种不满，也不容许它成为定论，因为我们拒绝对我

结论:不一致性的启示

们栖居其中的世界盖棺论定。我们用我们所拥有的来建造,并心甘情愿付出愿景与环境不相一致的代价。

我们所进入的法学院,蹉跎了太多的岁月,以形形色色的努力不断重申权力与前见的正当性。法律学术圈内外的大多数法学家都以冷漠甚至是鄙视的态度对待像权利与原则学派、法与经济学派那样的法律理论家,这些理论家们自愿投身于挽救或重新创造客观主义与形式主义传统。然而,这些同样不受纷扰的怀疑论者,也拒绝替代形式主义与客观主义视角的观点。

除了所承继信条最模棱两可的版本以外,他们也无法说服自己,然而,他们依然坚持这些信念的重要意义,并且明目张胆地宣称自己的失败是世俗的智慧战胜了智识上与政治上的热忱。他们将历史研究降级为对历史事件回溯性的理性化。他们将哲学降低为为删减截取法律分析提供各种借口的纲要汇编。他们将社会科学扭曲为论证伎俩的源泉,正是这种论证伎俩给予了虽有章法却专横武断的政策讨论以华而不实的权威性祝祷。

当我们出现的时候,他们成为已经失去了信念只求保住工作饭碗的祭司。他们窘迫尴尬地站在冰冷的祭坛前。我们转身离开了那些祭坛,在油然而生的复仇心中找到了精神的归宿。

索 引

（索引中涉及的页码均为原书页码，即本书边码）

Adjudication and the adjudicative setting,审判与审判环境,5,10,22,26,51,58,74,151—152,176

Altruism and limitations on self-interest,利他主义与利己主义的限制:in solidarity rights,团结权利中的～,125,170—173;in traditional contract law,传统合同法中的～,170—173

Analogy in legal argument,法律论证中的类比,87—88

Analytical jurisprudence,分析法学,56,57,58

Anglo-American law,英美法:history of,～的历史,52

Anomalies,异常,11,48

Anti-doctrinal skepticism,反教条怀疑主义,37

Antiformalist legal theories,反形式主义法律理论,26

Aristotelian view of freedom and structure,亚里士多德式的自由与结构观,193—195

Austin,John,约翰·奥斯丁,56

Bentham,Jeremy,杰里米·边沁,41

Bilateral executory promise,双边履行承诺,70,71

Bundle-of-relations idea of property,财产关系束观念,38,39

Capital(Marx),《资本论》（马克思）,71[1]

Capitalism,资本主义:as example of type of social and economic organization,～作为社会与经济组织类型的一个实例,30; as ideological abstraction,～作为一种意识形态抽象,13; stages of,～的阶段,28; state capitalism,国家资本主义,15; substitution of by other

---

[1] 此处原为"72",疑有误,对照原书页码后,更正为"71"。——译者

scheme,其他方案的替代,23; theory of,～的理论,61

Checks and balances,制约与平衡: replacement of,～的取代,115; traditional role of,～的传统角色,110

Civil society,公民社会:effects of needing to engage,必需参与～的效果,16;as partner in provision of public services,～作为公共服务供应的合作者,66,73

Civil-law legal systems,民法法系,58—59

Classical European social theory,欧洲古典社会理论,16,28,32,44,60—61

Collective-bargaining law,集体谈判法,71

Community,as ideal and practice,作为实践与理念的共同体:in alternative doctrine,替代性学说中的～,124,149—152;in the dominant imaginative view of social life,主流社会生活想象性观念中的～,100,121—123;in traditional doctrine,传统学说中的～,121—123

Compensatory redistribution by tax-and-transfer,通过税收转移支付的补偿性再分配,15,61,64

Conceptualism,概念主义,24,28,49

Constant,Benjamin,邦雅曼·贡斯当,124

Constitutional law,宪法:development of,～的发展,36;and equal protection theory and doctrine,～与平等保护理论及学说,128—134;high-minded and high-handed minimalism and,高尚却又霸道的底线主义与～,34;and immunity rights,～与豁免权,122—123;Lochnerism in American constitutional law,美国宪法中的洛克纳主义,10;and the politics of the North Atlantic democracies,～与北大西洋民主国家的政治,98—99,179,187,190,205;and the program of empowered democracy,～与赋权民主规划,110—112;and the project of nineteenth-century legal science,～与19世纪法律科学的计划,85—86;traditional inspirations,传统的灵感,85—86;use of,～的使用,33

Constitutionalism,立宪主义,36,60

Contemporary law,当代法律,67—73

Contexts,环境:and the allocation of rights,～与权利分配,180;the context-revising agent,修正环境的行动者,72,183;external,外部的～,5,24;formative contexts and routine activities,构成性环境与常规活动,180;internal,内部的～,5,24;no closed list or predetermined sequence of,没有封闭清单或预定序列的～,172;and revolutionary reform,～与革命性改革,107—108

Contingency of social organization and institutional arrangements,社会组织与制度安排的偶然性:its denial and affirmation,其否认与肯定,178,186,209

Contract,合同:in the dominant imaginative view of social life,社会生活主流想象性观点中的～,98,145—152;and the idea of types of legal and social organization,～与有关社会组织和法律类型的理念,85—86;principles and counterprinciples of traditional contract doctrine,传统合同学说中的原则及其对立原则,153—162;reconstructed,重构的～,162—168;role in current legal theory,～在通行法律理论中的角色,143—145;supposed contrast to community,～与共同体的所谓对立,145—152,169

Contradictions,矛盾,15,29,30,48,61,63

Convergence thesis,趋同论,17

Countervailing power, as legal and political technique,作为法律技术与政治技术的制衡权力,158—160

Critical legal studies,批判法学:central achievement of,～的核心成就,79,101;conception of law practice,法律实践的概念,201;criticism of formalism,～对形式主义的批判,86—90;criticism of objectivism,～对客观主义的批判,80—81;implications for agenda of social theory,～对社会理论议程的意义,195—198;implications for contemporary ideological controversy,～对当代意识形态争论的意义,187—188;implications for method of political philosophy,～对政治哲学方法的意义,188—192;implications for understanding of freedom and constraint,～对自由及其限制之理解的意义,192—195;and practice of deviationist doctrine,～与反叛正统的"异端"学说的实践,127—128,176—178;and program of empowered democracy,～与赋权民主规划,108—125;and reconstruction of society,～与社会重建,108—125,154,169,176,189;relation to law and economics school,～与法与经济学派的关系,91,210;relation to legal process theories,～与法律过程理论的关系,93,102;relation to past leftist movements in legal thought,～与旧左翼法律思想的关系,79—82;relation to rights and principles school,～与权利与原则学派的关系,91—93;relation to the modern ideologies of emancipation,～与现代思想解放的关系,104,122; relation to the project of nineteenth-century legal science,～与19世纪法律科学计划的关系,83—85; search for construction through criticism,～通过批判寻求建构,95—125; subjective experience of militancy in,～中好斗的主观体验,82; and supposed constraints on the judicial role,～与司法角色的所谓限制,101; and uses of legal education,～与法律教育的运用,202—203; variants of,～的变体,198,210; way of connecting the critiques of formalism and objectivism,～勾连形式主义批判与客观主义批判的方式,90—93

Critical legal studies movement,批判法学运动: accomplishments of,～的成就,17,22; aims of,～的目标,13—14,22,24; Americans as chiefly launching,美国作为～的主要发源地,4; appearance of in US in 1970s,～20世纪70年代在美国兴起,12; attraction of progressives to,～对进步主义者的吸引,26; in countries other than US,～在美国以外的其他国家,25; as disrupting consensus already weakening,～扰乱已经弱化了的共识,21,32; failures of,～的失败,15,32; influx of sympathizers to,赞同者涌入～,43; life of,～的生命力,24; members as pretending movement already existed,～佯装运动已经存在的成员,25; merits of,～的优点,15; as revolting against legal analysis,～作为对法律分析的反叛,8; setting that fostered appearance of,确定～值得培养的外表,16; three main strands of,～的三条主线,26—30

Critical method in legal and social thought,法律与社会思想中的批判方法: chief features,～的主要特征,79—82,83—93,96,102,107,121,122,140,143,146,162,199,206; moral and psychological basis,道德与心理基础,88,91—92,96,103,121

Cultural revolution, in relation to institutional reform,与制度改革相关的文化革命,107—109,194,205

Darkening, period of,黑暗时期,19—21,22,23,30,32,37,43

Decentralization (economic),去中心化(经济): in contemporary mixed economies,当代混合经济中的～,111; disengaged from consolidated property rights,～从一体财产权中分离,122,123

Deconstructionist doctrine,解构主义学说,28,29,44

Deductivism,演绎主义,24

Democracy,民主;亦见 Empowered democracy: available conceptions of,～的可及观念,105—108; and conventional contrast of the ancient and modern republics,～与古代共和国与现代共和国的传统对立,125; high-energy,高能的～,59,63,64,72; and inequality,～与不平等,113; low-energy,低能的～,16,36; in the prevailing imaginative view of social life,通行社会生活想象性观念中的～,99—100; reconstructed as empowered democracy,～重构为赋权民主,110—115,115—116; social,社会的～,14,15,19,21,33,43,44,64; in traditional legal doctrine,传统法律学说中的～,83,85

Democratic theory,民主理论,60

Democratized market economy,民主化的市场经济,65,72

Destabilization rights,打破现状的权利: and deviationist doctrine,～与反叛正统的"异端"学说,127; in the program of empowered democracy,赋权民主规划中的～,122; and reconstructed equal protection,～与重构后的平等保护,137—141

Deviant solutions,非主流的解决方案,29,30,48

Deviationist doctrine,反叛正统的"异端"学说;见 Legal doctrine

Dialectic,between reshaping institutions/practices and reinterpreting interests/ideals,重新型塑制度/实践与重新解释利益/理想的辩证法,12

Disaggregation of consolidated property,一体财产权的分解,69—70,120,122,124

Doctrinal formalism,教义形式主义,8,11,12,43

Doctrinalism 教条主义,7,12,39,49;亦见 Retro doctrinalism

Doctrine,学说: deconstructionist,解构主义～,28,29,44; definition and attributes,～的定义与属性,54; motivation to reinvent,重新创造～的动机,55; practice of,～的实践,55

Domination and dependence,支配与依附: and consolidated property right,～与一体财产权,122,146,152; in the family,家庭中的～,148,152; in the politics of the North Atlantic democracies,北大西洋民主国家政治中的～,121—123,169,174; and the relative unrevisability of institutional arrangements,～与制度安排的相对不可修正性,108; solutions,解决方案,30; as targets of modern ideologies of emancipation,～作为现代思想解放的靶子,104,122

Duress, doctrine of, in contract law,合同法学说中的胁迫,155—158,160,169

Economic flexibility,经济灵活性: American-style,美国式的～,14

Empowered democracy,赋权民主;亦见 Democracy

Empowerment,赋权: animating ideal of,富有活力的～理念,114—117; programmatic outline,～的纲领性规划,108—125; relation to liberalism,～与自由主义的关系,125; relation to the practice of deviationist doctrine,～与反叛正统的"异端"学说实践的关系,137—141,154

Empowerment,赋权: and the program of empowered democracy,～与赋权民主规划,113—116; as a secret longing,～作为一种隐秘的渴望,181; and varieties and conditions of negative capability,～与否定能力的条件及类型,182

Entrenchment of institutional arrangements and of the roles and ranks they support,制度安排及其所支撑的等级、角色的壁垒,181—182

Equal protection,平等保护: American doctrine of,美国的～学说,134—137; hidden theory of, in contemporary democracies,当代民主国家中隐秘的～理论,130—134; reoriented to empowered democracy,重新定位～为赋权民主,137—141; uses and variants in current law,～在当代法律中的变体及运用,128—130

Equitable adjustment,衡平法调整,51

Escapist current of thought,逃避主义思潮,40,62

Exceptions,例外,48

Exemplary difficulty,典型困境: instances of,～的实例; as tools of deviationist doctrine,～作为反叛正统学说的工具,162—168

Existentialist view of freedom and structure,存在主义的自由与结构观,194

External contexts,外部背景,5,24

Fairness,公平: counterprinciple of, in contract doctrine,合同法学说中的对立原则,153—162; in social-contract theory,社会契约论中的～,170

Family,家庭: ideal and reality,理念与现实, in the conventional approach to doctrine,传统学说方法中的～,143; in the dominant imaginative view of social life,主流社会生活想象性观念中的～,99,

143,148—152；as a haven against society,～作为抵抗社会的避风港,206

Fiduciary relations,信托关系：minimalist and maximalist standards of disinterest,利益中立的最低标准与最高标准,156；and solidarity rights,～与团结权,170—171

Fighting and its containment or interruption,斗争及其遏制或阻断：as a basis for the making of a social world,～作为型塑社会世界的基础,50,56,57,58,59,105,179—181

Finance,金融：effects of failure to make finance serve real economy,～未能服务于实体经济的结果,16

Flexsecurity arrangements,弹性安全制度安排,14

Formalism,形式主义：basis in classical nineteenth-century legal science,～在19世纪古典法律科学的基础,79—82；criticism of,～的批判,82,86—90；defined,界定,49（亦见 Doctrinal formalism, Transcendental formalism）；definition and limiting case,～的定义与有限的情形,79—80；reconstruction by the law and economics and rights and principles schools,～由法与经济学派、权利与原则学派进行的重构,90—93；relation to objectivism,～与客观主义的关系,90—93

Free society,自由社会,8,33,35,68

Free work,自由工作,70

Freedom,自由：of contract 合同的～,99,153—162；developed through destabilization rights,～通过打破现状的权利得以发展,124；as empowerment,～作为赋权,115,117；safeguarded by immunity rights,～由豁免权保障,123—124；and structure,～与结构,192—195

Fundamental rights,基本权利：care of,～的保护,33；discourse of,～的话语,34,73；theorizing about in public law,～在公法中的理论化,37

Fundamental transformation,根本性变革,40

Gény,François,弗朗索瓦·惹尼,50

Germany,德国：as one of two chief bases for export of critical legal studies movement,～作为传播批判法学运动的两大重镇之一,13

Good,hard,law,良法、硬法,9

Good faith,诚实信用：duty to bargain in,交易中的～义务,154,157—160,168—170

Greek philosophy,古希腊哲学,52

Group identity,群体身份认同：politics of,～的政治,26

Habitual obedience,习惯性服从,56
Hart,Herbert,赫伯特·哈特,57
Harvard Law Review,《哈佛法律评论》,43
Harvard University,哈佛大学,26
Harvard University Press,哈佛大学出版社,43
Hegel,George Wilhelm Friedrich,乔治·威廉·弗里德里希·黑格尔,42
High-energy democracies,高能的民主,59,63,64,72
Historical-laws illusion,历史法则幻想,61
History,历史:normative significance of,~的规范性影响,196
Hobbes,Thomas,托马斯·霍布斯,57
Hohfeld,霍菲尔德,85
Holmes,Oliver Wendell,Jr.,小奥利弗·温德尔·霍姆斯,50,57
Humanizing current of thought,教化思潮,40,62

Identity politics,身份政治,44
Immunity Rights,豁免权,121—122,139,173
Indeterminancy,不确定性:of the conception of a market,市场的概念的~,86—93;and the critique of formalism,~与对形式主义的批判,86—90;and the critique of objectivism,~与对客观主义的批判,83—86;deconstruction approach,解构进路的~,26;and the law of economics school,~与法经济学学派,91;legal,法律的~,7—8,9,26;in legal doctrine generally,一般法律学说中的~,79—82;of moral intuitions in social-contract theory,社会契约论中道德直觉的~,190—191;radical,极端的~,26—28,30;and the rights and principles school,~与权利与原则学派,93;of supposed historical laws,所谓的历史法则的~,181,183;of wants in utility theory,功利理论中欲望的~,191
Innovation,革新:permanent,永恒的~,70
Insiders and outsiders,局内人与局外人:in legal doctrine,法律学说中的~,89
Instances of exemplary difficulty,典型困境的实例,162—168
Institutional arrangements,制度安排:and stabilized social worlds,~与稳定的社会世界,84;status in utilitarianism and social-contract theory,~在功利主义与社会契约论中的地位,189—190
Institutional imagination,制度想象,13,25,29,36,48,75

Institutional reconstruction,制度重构,41

Institutional reimagination,制度重新想象,31

Institutional/ideological settlement,制度上的/意识形态上的解决方案,17,18,19,22

Institutional/ideological variations/alternatives,制度的/意识形态的变体/替代性选择,13,14,15,16,24,31,32,62

Institutionalist approach,制度主义进路,29—32

Interest-group politics,利益集团政治:and the North Atlantic democracies,～与北大西洋民主国家,81—82;and the view of lawmaking,～与立法观,81—82

Internal argument(internal development),内部论证(内部演进):limited by considerations of institutional propriety,～受限于制度的适当性因素,101;as a mode of normative argument,～作为一种规范性论证模式,100—101;relation to visionary thought,～与想象思维的关系,100—101;as a vehicle for a program of social reconstruction,～作为社会重构计划的一个工具,101

Internal contexts,内部背景,5,24

Is and Ought,是与应当,183

Jefferson,Thomas,托马斯·杰斐逊,35

Jhering,Rudolf von,鲁道夫·冯·耶林,50,57

Judicial activism,司法能动主义,88

Judicial statecraft,司法治国,36,51

Jurisprudence,analytical,分析法学,56,57,58

Jurists,法学家:definition,～的定义,5—6;as priests and prophets,～作为布道者与预言家,73—75

Justice,theories of,正义理论,21

Kelsen,Hans,汉斯·凯尔森,57

Labor,劳动:effects of reorganization of,～重组的效果,16,72

Labor law,劳动法:contemporary conundra and reconstruction of,～的重组及当代难题,154—155,158

Law,法律;亦见 Constitutional law:characteristic rhythm of history of,～独特的历史节奏,17;collective-bargaining,集体谈判～,71;conception of,～的概念,10;as cumulative movement toward social coexistence,～作为通往社会共存计划的累积运动,54;definition,～的定义,47;dialectical reshaping of,～的辩证性重塑,68;fighting theory of,～的斗争理论,

50,56,57,58,59; idealization of,～的理念化,17,40,45,61; as immanent order,～作为固有的内在秩序,53,59,67; institutional imagination in,～中的制度想象,13; national character of,～的国家性,4; as neutral coordination,～作为中立的协调,10; as order resulting from temporary interruption and relative containment of struggle over terms of social life,～作为由于围绕社会生活条件的斗争间歇中止,相对遏制而产生的秩序,57; political struggle over content of,围绕～内容的政治斗争,6; as politicized redistribution,～作为政治化的再分配,11; Private law,私法,7,8,19,24,26,37,54,58,68,69; as product of doctrinal quest for immanent moral order in social life,～作为教义式地寻求社会生活固有道德秩序的产物,55; professional interpretation of,～的专业解释,50—51,52; of property,财产的～,39; social change through,通过～的社会变革,12; as source of conceptual and institutional materials,～作为观念质料与制度质料的来源,49; as structure of society,～作为社会结构,53; types of, and varieties of social organization,社会组织的形态及种类,181; as will of the state or sovereign,～作为国家或主权者的意志,53,54,55,56,59,67

Law and economics school,法与经济学派,91,210

Law application and relation to lawmaking,法律适用与立法的关系,80

Law practice, traditional and alternative conceptions,传统的与替代性的法律实践概念,201

Law schools,法学院: as an arena of institutional politics,～作为制度政治的一个竞技场,202—203; implicit teaching,隐含的启示教训,202—203

Law students,法科学生,87,202

"Law works itself pure","法律纯粹自我运行",5,11

Lawyer, modern, characteristic intellectual attitudes of,现代法律人典型的智识态度,81

Left, the,左翼: and cultural-revolutionary politics,～与文化革命政治,194,205; and frustrations of contemporary experience,～与当代经验的挫折,161; and illusions of necessitarian social theories,～与必然论社会理论的错觉,96; Leftist movements in legal thought,法律思想中的左翼运动,79—82; and moral psychology of resistance,～与道德抗拒心理,

111; and program of empowered democracy,～与赋权民主规划,125; and reform cycles of the North Atlantic democracies,～与北大西洋民主国家的改革周期,113

Legal analysis,法律分析,4,5,7,8,9,11,12,14,21,37,43,49

Legal argument,法律论证,9

Legal doctrine,法律学说:about,关于～,11,13,18,19; according to legal process theories,在法律过程理论看来的～,93,102; according to the law and economics school,在法与经济学派看来的～,91; according to the rights and principles school,在权利与原则学派看来的～,91—93; bright lines, fuzzy boundaries, and makeshift distinctions in,明确界限、模糊边界与临时区分中的～,157,173; conception of,～的观念,80; condemnation of,～受到的指责,47; deviationist doctrine and social reconstruction,反叛正统的"异端"学说与社会重构,95—97; horizontal and vertical conflicts in traditional and deviationist doctrine,传统学说与反叛正统的"异端"学说中的纵向冲突与横向冲突,178; models of deviationist doctrine exemplified,反叛正统的"异端"学说举例说明的模式,127—176; models of deviationist doctrine summarized,反叛正统的"异端"学说概括总结的模式,176—178; practices as deviationist or expanded doctrine,反叛正统或延展的学说的实践,127—128,176—178; practices of,～的实践,48; in the project of nineteenth-century legal science,19世纪法律科学计划中的～,80—82,93

Legal dogmatics,法律教义学,45,59

Legal indeterminancy (of the market),法律不确定性(市场的),7—8,9,26

Legal nihilism,法律虚无主义,11

Legal pluralism,法律多元主义,63,64

Legal process (doctrine of institutional competence),法律过程(制度能力学说):as a school of legal theory,作为一个法律理论流派的～,93,101

Legal realism (and other forms of doctrinal skepticism) and relation to critical legal studies,法律现实主义(及教义怀疑主义的其他形式)与批判法学的关系,24,30,43,79—82

Legal reasoning,法律推理,8,41,44,50,52,57,58

Legal science,法律科学,8,9,37,38,49,50,61

Legal systems, civil-law,民法法系,

58—59
Legal theory,法律理论,17,26,29,32,39,40,47,49,53,55,56,61
Legal thought,法律思想:in America,美国的～,24,25;author's view of,作者关于～的观点,44;citizen as most important interlocutor of,公民是～最重要的对话者,22;in countries other than US,美国以外其他国家的～,25;finding future for,探寻～的未来,13,14,43,45;history of,～的历史,9,10,12,17—22,43,53—67;judge as no longer defining protagonist of,法官不再是～起决定作用的参与者,32;in nineteenth-century,19世纪的～,38,39;potential of,～的潜能,3;vocations of,～的使命,4,45,47—52
Legitimate ends and protected interests,正当目的与受保护的利益:traditional constitutional doctrine of,传统宪法学说中的～,85,134—137
Liberal political philosophy,自由主义政治哲学,44
Liberalism,自由主义:and common theme of the modem ideologies of emancipation,～与现代思想解放的共同主题,104;conception of the relation of law to society,法律与社会之关系的～观念,125;illusory picture of society,～虚幻的社会图景,125;and program of empowered democracy,～与赋权民主规划,125;and superliberalism,～与超自由主义,125
Literary deconstruction 解构主义文学,26
Lochnerism 洛克纳主义,10

Madison,James,詹姆斯·麦迪逊,35
Managerial discretion,paradox of,in labor law,劳动法中的经营自主悖论,159—160
Market economy,市场经济,7—8,23,39,44,64—66,69,70,71,72
Market rights,市场权利,123,143
Markets,市场:dilemma of too much inequality in or too much correction of,～过度不平等或过度矫正的悖论,153,157;in economies of the North Atlantic democracies,北大西洋民主国家经济中的～,105—108;indeterminancy of conception,～概念的不确定性,86—93;instabilities in,and the organization of production,～中的不稳定性与生产组织,118;place in traditional legal doctrine,～在传统法律学说中的位置,83—86;reorganized under empowered democracy,～在赋权民主下的重组,116—120
Marx and Marxism,马克思与马克思主义,8,28,44,61,72,196,198

Mass production,规模生产:decline of,～的衰退,16,69,70,71;and its institutional conditions,～与其制度条件,117

Minimalism,底线主义,33—34

Minorities,少数族群:representatives of,～的代表,26

Mistake,过错:classical vision and counter-vision illustrated in law of,～解释规则的古典视角及与之对立的视角,167—168;in contracts by correspondence,通信合同中的～,155;in general and subcontractor dealings,总承包人和分包人交易中的～,166—167;in integration,整合中的～,164;law of,its supposed technical purity,～规则所谓的技术纯粹性,162—163

Models of human association,人类联合的模式:content of,in the North Atlantic democracies,北大西洋民主国家中～的内容,180;as parts of a formative context of social life,～作为社会生活构成性环境的组成部分,180;presupposed by legal doctrine,由法律学说预定的～,80,92,99,175

Modernism,现代主义:attitude toward freedom and constraint,～对待自由与限制的态度,192—193;and cultural-revolutionary politics,～与文化革命政治,109;history of,～的历史,17

Mystification,神秘主义:as evil,～作为一种罪状,11

National character of law,法律的国家性,4

National Labor Relations Board and the duty to bargain in good faith,国家劳动关系委员会与诚信交易义务,159

Necessitarianism,必然论,28—29,44,96

Negative capability,否定能力,181—183

Neoliberalism,新自由主义,15,19

Neo-Marxist approach,新马克思主义进路,28—29

Neo-Marxist functionalism,新马克思主义功能主义,44

Neo-Marxist theory/thesis,新马克思主义理论/命题,25,30

Neutrality,as ideal,中立性理念:in American equal protection doctrine,美国平等保护学说中的～,136;in contemporary political philosophy,当代政治哲学中的～,156

New Deal,新政,18,19,24,30,43

New private law,新私法,37

Nordic model,北欧模式,16

Normalization,period of,规范化时期,18—19,22,24,30,43

Normative judgment,规范判断:

character of, in relation to legal analysis,～在与法律分析之关系中的特点,87—88; hour/moment of,～的时期/时刻,18—19,21,22,24,30,43; precariousness and possibility of,～的不稳定性与可能性,184

Novalis,诺瓦利斯,93

Objectivism,客观主义: conception,～的概念,80—81; form in the doctrinal practice of most past cultures,～在过去大多数文化的学说实践中的形式,93; form in the project of nineteenth-century legal science,～在19世纪法律科学计划中的形式,83—86,88—89; reification of particular market arrangements,～在特定市场安排的具体化,143—145; relation to formalism,～与形式主义的关系,90—93; revision by the law and economics and rights and principles schools,法与经济学派、权利与原则学派对～的修正,90—93

Obligations, sources of,义务的来源: in anticlassical contract doctrine, inspired by program of empowered democracy,受赋权民主激发的反古典合同学说中的～,168—170; under the rights regime of empowered democracy,赋权民主权利体制下的～,120

Pandectism,潘德克顿主义,49

Path of least resistance,阻力最小之路,14

Period of darkening,黑暗时期,19—21,22,23,30,32,37,43

Permanent innovation,永恒的革新,70

Philosophical abstractions,哲学上的抽象,17

Philosophy,哲学,45

Phronesis[1],实践智慧,52

Plasticity,可塑性: meaning and organizational conditions of,～的意义及其组织条件,72—73,116

Plato,柏拉图,54

Policy and principle,政策与原则: discourse of,～的话语,50; hidden script of,～的隐秘脚本,11,12; role of, in legal argument,～在法律论证中的角色,80—81,92; story/narrative of,～的故事/叙事,6—7,20,38,55; vocabulary/language of,～的词汇/语言,14,17,18,21,24,40,49,55,61

---

[1] 此处原词为"Phonesis",疑为印刷错误,对照索引原书页码相关内容后,更正为"Phronesis"。——译者

Political philosophy,政治哲学,17,40,44,61

Politicized,soft law,政治化的软法,9

Politics,政治:contrast between routine and foundational varieties of,～的日常类型与基本类型之间的对比,80—81;definition,～的定义,61

Post-marginalist economics,后边际主义经济学,39,57

Priests,legal,and prophets,法律的布道者与预言家,86

Principle,原则:and counterprinciples,～及其对立原则,145—162,153—162;and rights and principles school of adjudication,～与审判的权利与原则学派,91—93;role of,in legal argument,～在法律论证中的角色,80—81

Private law,私法,7,8,19,24,26,37,54,58,68,69

Private rights,私权利,8,10

Privileges,特权:and relation to the unrevisability of institutional arrangements,～与制度安排普遍性的关系,116;as targets of destabilization rights,～作为打破现状的权利的靶子,123,138—139;tenacity and influence of,in the North Atlantic democracies,～在北大西洋民主国家特权的韧性与影响力,102,113,117

Procedural justice,paradox of,in labor law,劳动法中程序正义的悖论,158

Production,reorganization of,生产的重组,71;亦见 Mass production,decline of

Programmatic thought,纲领性思想:justifications in,～中的正当性论证,96,104—105;program of empowered democracy as example of,赋权民主规划作为～的一个范例,107—125;and relation to deviationist doctrine,～与反叛正统的"异端"学说的关系,96,127—128

Progressivism,进步主义,26,43

Property,财产:bundle-of-relations idea of,～的关系束观念,38,39;consolidated property right as a model for all rights,一体财产权作为一切权利的模型,146;disaggregation of,～的分解,69—70,121,122,124;law of,～法,39;social and economic effects of consolidated property,一体化财产的社会、经济后果,122

Property right,财产权,38—39,66;亦见 Unified property right

Prophet,预言家:and the priest,～与布道者,86;as visionary,作为有想象力的～,100

Proto-democracies,民主国家的原

型,68
Proto-democratic liberalism,自由民主主义的原型,35
Prudence,审慎,52
Public-law doctrine,公法学说,33
Purpose,目的:role of, in legal argument,～在法律论证中的角色,84,91—92

Qui tacet consentire videtur,沉默不言者,视其为同意,59

Radical indeterminacy,极端的不确定性,26—28,30
Rationality,理性:claims for, in objectivist and formalist legal analysis,客观主义与形式主义法律分析主张中的～,80,88; and relation to tricks(truncation),～与伎俩(删减截取)的关系,103,210
Rationalizing current of thought,理性化思潮,40,62
Rationalizing legal analysis,理性化的法律分析,8,2
Realism,现实主义:American legal,美国法律～,30,43;in legal doctrine,法律学说中的～,141—143;in programmatic thought,纲领性思想中的～,124—125;and transformative commitment,～与变革承诺,198
Reasoned elaboration,理性化分析,5—14,18,20—21,24,26,28—30,32,34,36,37,40,43,45,48—50,54,55
Reform cycles in the North Atlantic democracies,北大西洋民主国家的改革周期,113
Refoundation, period of,重建时期,17—18,19,20,22,23,30
Relational contract,idea of,关系性合同的观念,70—72
Retro doctrinalism,复古教条主义,32,37—41,42
Revisionary power of doctrine,学说的修正权力,7,87—88,102
Revolutionary reform,importance of,革命性改革的重要性,200
Right, the,正当;and the law and economics school,～与法与经济学派,90—93;and the objectivist prejudice,～与客观主义者的偏见,80—81;and reform cycles of the North Atlantic democracies,～与北大西洋民主国家的改革周期,113
Rights,权利:consolidated property as a model for,一体财产权作为～的模型,146;contrasting views of, in classical and anticlassical approaches to contract,古典合同进路与反古典合同进路中关于～的对立观点,168—170;destabilization rights,打破现状的权利,123,127,137—141;

fundamental,基本的～,33,34,37,73;immunity rights,豁免权,122—123,139,143;market rights,市场权利,123,143;private,私～,8,10;and privilege in the North Atlantic democracies,～与北大西洋民主国家中的特权,102,113,116;solidarity rights,团结权,123,170—171;true and false views of,正确与错误的～观,82,110—116

Rights and principles school,权利与原则学派,91—93

Roman jurists,罗马法学家,52

Roosevelt,Franklin,富兰克林·罗斯福,18,30

Rotating capital funds in empowered democracy,赋权民主中的滚动资本基金,118—119

Schmitt,Carl,卡尔·施密特,57

Shrunken Benthamism,收缩的边沁主义,32,37,41—42

Sixth Annual Conference in Critical Legal Studies,批判法学第六次年会,42

Skepticism,怀疑主义:anti-doctrinal,反教条的～,37;attempts by rights and principles school to escape skepticism about determinancy and authority of conventional legal doctrine,权利与原则学派试图避免对传统法律学说的确定性及权威性的怀疑,91—93;forms of,～的形式,13,38;New Deal reformation,新政改革,24;relation of formative skepticism to skepticism about knowledge,构成性怀疑主义与知识怀疑论的关系,185—186,210;skepticism about the power of available law and legal doctrine to determine correct legal solutions,怀疑可及的法律及法律学说确定正确的法律解决方案的力量,82;true (radical) and illusory forms of normative skepticism,规范怀疑主义的真实(激进)形式与虚幻形式,142,185—186

Social democracy,社会民主,14,15,19,21,33,43,44,64

Social division and hierarchy,社会分化与层级:entrenchment and relative unrevisability of institutional arrangements,制度安排的固化与相对不可修正性,123,136;and the hidden theory of equal protection,～与潜隐的平等保护理论,128—134;persistence in the North Atlantic democracies,～在北大西洋民主国家持续存在,205;variations in quality and the varieties of law,～在性质与法律类型上的变化,107,109,122

Social life,社会生活:normalization/naturalization of,～的规范化/自然

化,16

Social order,社会秩序,62

Social protection, European-style,欧洲式的社会保护,14

Social reality, practical nature of,社会现实的实践性,104

Social reconstruction,社会重建,62,69

Social science,社会科学:guided by antinecessitarian social theory,~以反必然论的社会理论为指导,96; role in equal protection analysis,~在平等保护分析中的角色,136,137

Social theory,社会理论,22,28,59,61;亦见 Classical European social theory, Marx and Marxism, Necessitarianism

Social-contract theory,社会契约论,190—191

Social-democratic settlement/compromise,社会民主方案/折中,14,15,16,18,33,36,43

Socialism and the modern ideologies of emancipation,社会主义与现代思想解放,104,122

Society,社会:as having ability to create own order,~有能力创造自己的秩序,67; as lacking natural form,~缺少自然的形式,67; organization of,~的组织,14,15; self-construction of,~的自我建构,3,63,66—67,69; structure of,~的结构,62

Solidarity rights,团结权:developed through deviationist doctrine,由反叛正统的"异端"学说阐发的~,170—171; under empowered democracy,在赋权民主下~,123

State capitalism,国家资本主义,15

State socialism,国家社会主义,23

State-action doctrine,政府行为学说,10

Structural discontinuity,结构性断裂,22

Structural dogmatism,结构教条主义,23,68

Structural imagination,结构的想象,32,44,62

Structural insight,结构的洞见,68

Structure and structuralism,结构与解构主义,23,26,60,63,68,72,192—195

Structure-revising structure, idea of,结构不断修正的结构观,72

Superliberalism and empowered democracy,超自由主义与赋权民主,125,140

Task-defining and task-executing activities,任务设定活动与任务执行活动:maintenance and subversion of contrast between,~之间的对立的维持与颠覆,180

Technology, value of,技术的价值,65

Third way,第三条道路,15—16

Transcendental formalism,先验形式主义,33,34

Transformative vocation, idea of,变革使命的观念,204—208

Truncation, in conventional legal analysis,传统法律分析中的删减截取,103,210

Types, institutional and social, with built-in legal content,具有内置法律内容的制度形态与社会形态:in contemporary ideological controversy, 当代意识形态争议中的~,84;in diluted versions of that project,那一计划稀释版本中的~,93,186;in the project of nineteenth-century legal science,19 世纪计划中的~, 84,93;in social theory,社会理论中的~,197

Typological conception/view/method, 类型学概念/观点/方法,37,38, 45,48,50,54

Unified property right,一体财产权, 11,39,66,69—70,71

United States,美国:academic legal thought in,~的学术法律思想,25; activation of critical legal studies in,在~发起批判法学,24;differing views on grounding of policy and principle,~对政策与原则之基础的不同观点,21;as launching critical legal studies movement,~发动批判法学运动,4;leading schools of jurisprudence in,~的主要法学流派,21;North America, genius of law in proto-democracies of,北美,~民主原型的法律精神, 68;as one of two chief bases for export of critical legal studies movement,~作为传播批判法学运动的两大重镇之,13;phase of normalization,~的规范化时期, 19;refoundation moments,~的重建时期,18

US Constitution,美国宪法,34—36

Usurpation of inordinate power by jurists,法学家们攫取无节制的权力;as evil,~作为一种罪状,11

Utilitarianism,功利主义,189—191

Veni creator spiritus,造物主圣神降临,73

Venice and Belmont,威尼斯与贝尔蒙特,149—150

Vertical conflicts in legal doctrine,法律学说中的纵向冲突,178

Visionary thought,想象的洞见: exemplified in a conception of self and society,~以自我与社会的观念为例,109,113;as a mode of normative argument,~作为规范性论证的一种模式,100—102; more and less systematic varieties,

～或多或少成体系的种类,180; relation to internal argument,～与内部论证的关系,100—101; relation to programmatic thought,～与纲领性思想的关系,180,207

Voluntarism and realism in programmatic thought,纲领性思想中的唯意志论与实在论,106,141—142

Weber, Max,马克斯·韦伯,28

Western Europe,西欧: genius of law in proto-democracies of,～民主原型的法律精神,68; phase of normalization,～的规范化时期,19

What Should Legal Analysis Become? (Unger)《法律分析应当为何?》(昂格尔),31

Work and exchange,工作与交换: in the dominant imaginative view of social life,主流社会生活想象性观念中的～,98—99,150

Worker, relation of with machine,工人和机器之间的关系,65—66

Worker self-management,工人自治,23

译后记

罗伯托·曼加贝拉·昂格尔(1947—　)，美国政治家，社会理论家，哈佛大学法学院教授，批判法学运动(CLS)的领军人物。被《纽约时报》誉为"永不疲倦的远见卓识者"；佩里·安德森(Perry Anderson)称他为"从第三世界走出的哲学天才，并进而成为第一世界的福音传播者和预言家"；被威廉·埃瓦尔德(William Ewald)评价为"批判法学运动中最有资格声称摧毁了现代法律思想核心观念的思想家"。

CLS是受到20世纪60年代美国反战运动、民权运动的影响，于20世纪70年代在美国兴起的一场独特的学术运动。尽管CLS并非铁板一块，却也有几个共同的主题：法律不确定性、法律就是政治、法律是利益集团间的意识形态斗争及其合法化、法律秩序结构的基本矛盾，以及根植于个体内心深处的个体自由与共同体的基本矛盾等。它综合法律现实主义，批判马克思主义以及结构主义乃至后结构主义文学的理论关怀，为自己的左翼政治立场和观点服务。通过批判形式主义与客观主义，发展法律现实主义的不确定性命题，CLS试图揭开主流法律思想及实践的神秘面纱，揭穿自由主义法律的价值中立伪装：法律掩盖了社会中的矛盾和冲突，伪装成具有自然的、必然的、内在正当的社会结构基础，从而将压制合法化;"法官能够非个人化地、客观地根据确定的标准判案"这一观念是一种神秘化的命题(mystification thesis),它掩盖了"将某个利益集团的意识形态偏好强加给整个共同体"这一现实的事实;自由主义法治的理想,仅仅是权利外衣掩盖下的权力,它通过伪装内在于司法过程的价值选择,使法律看起来是各种中立力量运行的必然结果;法律制度所产生的社会结构并不是法律制度所旨在促进的正义的体现,只不过是一种不合法的等级结构。与此相反,CLS 运动直面个人、社会与法律中的诸多基本矛盾,强调法律并不包含有待发现的"唯一正解",互不相容的各种对立立场总是配对出现,需要识别这些对立原则以进行政治选择;法律的矛盾对应着法律中体现的有关人类联合的不同规范性立场,这些彼此冲突的视角,应当被揭示出来,并得到公开讨论。由此,CLS 的理论愿景在于通过法律分析实践想象并构建一个没有隐性压制的社会,一个更加人性、平等和民主的"超自由主义"(昂格尔语)社会。

尽管 CLS 作为一项组织化的学术运动只持续了十多年,但是,它的观念依然鼓舞着对自由主义法律的左翼批判;昂格尔、肯尼迪等核心成员继续尝试为其寻找新的发展方向,并且影响深远,特利·乔纳森(Turley Jonathan)、哈钦森(Hutchinson)甚至认为昂格尔的社会理论为 CLS 批判主流法律思想理念提供了唯一可靠的基础。这里迻译的《批判法学运动》即是昂格尔在 CLS 自 20 世纪 80 年代末式微 30 多年后,基于 1983 年在 CLS 第六次年会上发表的思想宣言,反思当时运动的不足,重新厘清当代法律思想的时代使命以及履行时代使命所需的制度条件、思想条件、纲领规划。

正如昂格尔所言,CLS 发展出了两条路线,一条是极端的法律不确定性命题,强调意识形态斗争无处不在,法律论证具有内在的矛盾特性、容易受到操纵;另一条是新马克思主义的批判,认为自由主义法律只是资本主义的另一种制度表达形式。昂格尔找到了第三条道路,那就是制度主义进路,将法律视为"对制度重建可能性的探究实践",即当作一种设计更好的制度的工具:应当基于个人解放和赋权重新思考市场经济、民主国家、公民社会以及权利体制,为了给更多的人创造更多的教育机会、经济机会,不断通过法律修正社会结构。对昂格尔而言,社会世界不是给定不变的,而是能够被建构、被想象的,社会结构并非自然的、必然的。财产权、自由民主、雇佣劳动都是与人类的解放及繁荣没有必然关联的历史人造物,市场、国家与人类社会组织形式不应被框定在预先确定的制度安排当中,而是应通过制度的内部演进实践或富有远见卓识的想象性洞见进行试验和修正,以实现对个体的、集体的有效赋权、赋能。

昂格尔的许多作品都在思考能够将人性从经济奴役、社会分化与层级体制中解放出来的政治和社会秩序,《批判法学运动》是这一思考在法律领域中的延续。与该运动的其他成员及当代法律思想家将法律分析的重心放在法院与法官如何裁决案件不同,昂格尔认为法律分析的重要性在于提供制度想象。在集中探讨法律分析如何想象社会制度安排的替代性选择的三部曲中,《现代社会中的法律》(*Law In Modern Society*: *Toward a Criticism of Social Theory*,1976)把法律放置在社会理论的论域中,批判了主流法律思想中的必然论假设,提出人类历史中不同的法律体系类型的范畴,分析了它们的发展轨迹并不必然附着于特定的制度结构,法律变革与社会变革之间也不存在必然的因果关系,自由主义

译后记

法治秩序只是一系列历史因素的偶然结果。《批判法学运动》(1986,2015)作为 CLS 的思想宣言、纲领规划,不仅系统分析了所谓正统法律学说中形式主义与客观主义的积弊,而且概括了批判后的建设性成果——理论上构建起反叛正统的"异端"学说,实践上重新想象民主与市场的制度形式,并且以宪法平等保护与合同法为例,详细阐述反叛正统的"异端"学说及其设想的制度规划实践应用的无限可能性。《法律分析应当为何?》(*What Should Legal Analysis Become?* 1996)强调法律与法律分析不是作为理性化分析与维护既有制度安排的工具,而是想象社会、经济、政治制度替代性方案的场域,在批判理性化法律分析方法弊端的基础上,说明当代法律受制于各种制度结构和迷信,失去了想象力与革新能力,未能发挥其民主化潜能;重构后的法律分析应当通过审视具体个案来揭示法律的意识形态内核,通过制度想象摆脱制度障碍,寻找多种可能的替代性未来。

尽管诸多评论者认为 CLS(包括昂格尔)的目标就是对现存制度的反抗与叛逆本身,认为它理论上没有在批判与解构的基础上形成一套取代自由主义法学的可信理论,实践中也未能构建克服资本主义局限的可行政治制度与法律制度,这是其最终式微的主要原因。但情况并非完全如此,至少对昂格尔来讲并非如此。实践中,他本人作为一名政治家,"将既有法律中的小规模变化、通行学说中的非主流或从属性解决方案,用作想象、发展社会替代性解决方案的工具"这一反叛正统的"异端"学说及其蕴含的制度主义进路贯穿于其在巴西的政治实践活动中,通过零碎的、边缘的改革举措推动永恒的制度改革。理论上,他的系列作品构想了包括赋权民主、市场民主化、权利体制等一系列规范性建议。当然,我们依然可以质疑他的政治、经济、文化与社会改革建议缺乏具体的愿景,毕竟被批判本身就是作品的宿命,批判法学运动的作品更应如此;也可以像理查德·罗蒂(Richard Rorty)那样辛辣地指出,昂格尔的纲领规划"并没有告诉我们该做什么",也没有具体愿景。之所以有如是批评,恰恰是这些人缺乏制度想象力所致,孰是孰非,就交由读者吧。

迻译本书,纯属偶然。记得博士期间攻读法律现实主义相关文献时概览过该书1983年发表于《哈佛法律评论》的长文版本,后撰写"法律不确定性命题"一文(发表于《环球法律评论》2010年第6期)探究该命题在法律现实主义与CLS间的亲缘关系时又浏览过个别章节,对其大致内容有个模糊印象,但均因怠惰,未曾动过迻译之念。2019年夏天吴彦兄即告知我该书新增篇幅后再版了,邀我完成译稿,当时并未立即应允。2020年夏应允正式动笔,该书篇幅不大,内容也是较为熟悉的领域,本应很快完稿;然而由于杂事缠身以及这样或那样的原因,完成第一章后一度停工很久,中间拖拖沓沓,竟至今时。这三年间,尤其是2022年底至今年初,发生了许多事情,让人不禁感慨世间万物兜兜转转,一切皆是缘,珍惜当下竟成为尽快完成手头之事的最大动力。

译事不易,感谢责任编辑朱静芬老师,感谢商务印书馆一直以来对译著的支持!感谢一路走来,包容我的拖沓,又不断鼓励我前行的所有人!

周国兴

2023年8月改定于昆明

图书在版编目(CIP)数据

批判法学运动:新时期的伟大使命/(美)罗伯托·曼加贝拉·昂格尔著;周国兴译.—北京:商务印书馆,2023
(法哲学名著译丛)
ISBN 978-7-100-23023-0

Ⅰ.①批… Ⅱ.①罗… ②周… Ⅲ.①法学流派—研究—西方国家 Ⅳ.①D909.1

中国国家版本馆CIP数据核字(2023)第191682号

权利保留,侵权必究。

法哲学名著译丛
批判法学运动
新时期的伟大使命
〔美〕罗伯托·曼加贝拉·昂格尔 著
周国兴 译

商 务 印 书 馆 出 版
(北京王府井大街36号 邮政编码100710)
商 务 印 书 馆 发 行
北京艺辉伊航图文有限公司印刷
ISBN 978-7-100-23023-0

2023年12月第1版　　　开本880×1230　1/32
2023年12月北京第1次印刷　印张 8⅜
定价:55.00元